抖音电商战法

如何把爆款变成常态

秋叶　纯子◎著

人民邮电出版社

北京

图书在版编目（CIP）数据

抖音电商战法：如何把爆款变成常态 / 秋叶，纯子
著. -- 北京：人民邮电出版社，2023.4
ISBN 978-7-115-60742-3

Ⅰ. ①抖… Ⅱ. ①秋… ②纯… Ⅲ. ①网络营销
Ⅳ. ①F713.365.2

中国国家版本馆CIP数据核字(2023)第014218号

内 容 提 要

本书根据作者团队 2018 年以来实战抖音电商的丰富经验，结合商业规律与抖音电商发展的趋势及特点，总结提炼出了适合抖音电商新手的"作战体系"及相应的"战术战法"，主要内容包括打造爆款抖音短视频、创作吸睛文案、找对抖音爆品、打造直播间、精拆直播带货话术、抖音投流实战、搭建高效团队等。

本书通过对抖音电商实战的全流程讲解，使读者系统学习，掌握把爆款变成常态的方法。无论你是在转型升级压力下试水抖音的商家，还是主动出击以赚取红利的初创团队，本书都能帮到你。

◆ 著　　　　秋 叶　纯 子
责任编辑　罗 芬
责任印制　王 郁　胡 南

◆ 人民邮电出版社出版发行　　北京市丰台区成寿寺路 11 号
邮编　100164　电子邮件　315@ptpress.com.cn
网址　https://www.ptpress.com.cn
临西县阅读时光印刷有限公司印刷

◆ 开本：700×1000　1/16
印张：13.5　　　　　　　　2023 年 4 月第 1 版
字数：223 千字　　　　　　2023 年 4 月河北第 1 次印刷

定价：59.90 元

读者服务热线：(010)81055410　印装质量热线：(010)81055316
反盗版热线：(010)81055315
广告经营许可证：京东市监广登字 20170147 号

前言

赢在抖音电商——实战派教你这样做抖音

抖音电商，势如破竹。

2018年2月，抖音国内日活跃用户量突破7000万，7月达到1.5亿。同年3月，抖音开始内测购物车功能，试水电商。这一年的"双12"，平台累计促成订单数超过120万单。2021年1月，抖音争取到平台内支付功能，摆脱了对第三方支付平台的依赖，构筑了自己的电商业务闭环。抖音平台内一些头部直播间创造了数次直播收益破亿的耀眼成绩。

如今，坐拥超过6亿的庞大日活跃用户，抖音在发展"内容＋直播＋电商"的模式上，条件可谓得天独厚。利用抖音进行营销和推广的好处在于平台用户规模庞大、推广方式灵活、内容承载量大、社交传播属性强。

凭借"算法推荐＋直播消费"的模式，抖音吸引了大量企业入驻，将电商直播作为拉动营收的战略重点。抖音借助自己的算法优势，顺利打通了公域流量的广泛触达和私域流量的精准投放闭环。

中国互联网络信息中心（CNNIC）发布的第50次《中国互联网络发展状况统计报告》显示，截至2022年6月，我国网民规模达到10.51亿，网络支付用户规模达9.04亿，网络直播用户达7.16亿。越来越多的中小商户搭建起自己的直播电商，电商直播用户规模达4.69亿。

过去几年中，我们看到花西子、完美日记、薇诺娜、usmile、内外等消费新品牌借助抖音电商强势崛起。此外，老字号品牌、地方土特产品商户也乘着直播电商的"东风"，屡获佳绩，找到自己的突围之路。"数据显示，'双11'期间超过

180家老字号开启直播，多个老字号直播间成交额突破百万元。"[1]

目前，抖音的商业生态圈已经十分成熟。这里汇集了内容供应商、分发渠道、技术支持、数据监测、广告交易平台、用户、监管机构等，上下游产业链配合紧密，"内容＋直播＋电商"模式的经济成效十分显著。

抖音先后推出"创作者成长计划""商家成长计划"等，帮助和扶持创作者和平台商家，创作者的内容生产能力进一步得到释放，商家的运营和商业变现能力进一步增强。这吸引了更多用户涌入，更多企业和商家入驻，这样一来，平台与用户实现了相互赋能。

可以预见，接下来：

• 伴随越来越多跨平台出圈热点，抖音的营销通道会进一步拓宽；

• 同城业务正在迅速拓展，一二线城市之外的城市居民用户群体仍会扩大，用户消费能力还有很大挖掘空间；

• 会有更多专业团队下沉，经过一番洗牌后，"草根达人"的能力会在竞争中得到提升；

• 圈层将进一步垂直化发展，细分赛道的拼杀会是重头戏；

• 内容触达会随着平台通道的拓展、算法的升级和数据的累积而越来越广泛、精准和有效。

红利只留给有准备的人。

笔者团队2018年入驻抖音，抓住抖音电商的机遇快速转型，成为抖音教育培训类赛道的佼佼者。我们于2022年出版《抖音思维》，许多读者读后大呼过瘾，说第一次看懂了抖音的底层逻辑，希望我们进一步推出一本侧重讲解实战技巧的书，由此，本书应运而生。在本书中，笔者给出从打造爆款抖音短视频、创作吸睛文案、找对抖音爆品、打造直播间、精拆直播话术、抖音投流到团队搭建的实战技巧。

这是一本几乎没有废话的"干货"书，每一页内容都源自实战的经验。无论你是转型升级压力下试水抖音的企业或商家，还是主动出击以赚取红利的初创团队，本书都能帮到你。

我们还特意为读者朋友们准备了一份由秋叶大叔原创的"抖音实战"课件，一共280页。扫描下方二维码，回复关键词"抖音电商"，即可获得。

秋叶

① 引自中国互联网络信息中心（CNNIC）第50次《中国互联网络发展状况统计报告》。

目录

第六章
抖音投流，让你的能量放大 10000 倍 / 170

第七章
搭建高效抖音团队 / 189

第一章

打造爆款抖音短视频

一 与其盲目创新，不如先找对标者

（一）做个人号还是企业号

抖音认证账号分为个人号和企业号，比如"秋叶 Excel"和"秋叶 Office"，如图 1-1 所示。

个人号：秋叶 Excel　　　　　企业号：秋叶 Office

图 1-1

1.选择个人号还是企业号，取决于运营目的

如果是个体，想通过抖音分享生活、吸引粉丝，打造个人品牌，或者实现流量变现，个人号就够了。

如果是企业或个体商家，想通过抖音宣传品牌、产品，主要是为了商业带货或引入客资，就可以选择企业号。

个人号和企业号的优势，如表 1-1 所示。

表 1-1

个人号优势	企业号优势
• 门槛低，认证免费 • 个人直播或带货，粉丝认知度高	• 昵称锁定，不会重名 • 支持一键跳转官网链接 • 可设置关键词自动回复消息 • 发布合规广告自由度更大 • 可认证 POI 地址（即门店地址） • 可设置用户标签 • 支持多人进行直播带货

2. 个人号定位

个人号一般突出个人特质，往个人 IP 方向发展，如人设 IP、故事 IP、知识 IP 等，如表 1-2 所示。

表 1-2

IP 类型	分析	示例
人设 IP	反复强化某个标签，让用户形成某种固定印象，赢得信任，便于后期转化	"北大学长""清华妈妈"等
故事 IP	故事演绎，输出价值观、情感等	兄弟故事、闺蜜故事、生活故事等
知识 IP	通过知识输出，形成某领域专家人设	"王芳"等

重点锁定：赛道、标签（主标签＋副标签）、爆款事件（数字化展示成就）、一句话广告语（slogan）。这里有以下几点需要注意：

- 副标签不要喧宾夺主，淹没了主标签；
- 爆款事件用奖项、数字说话效果更好；
- 一句话 slogan 要尽量精简、好理解、有记忆点、有价值。

举几个有代表性的例子，如表 1-3 所示。

表 1-3

账号	赛道	主标签	副标签	爆款事件／成就	一句话 slogan
秋叶大叔	职场	秋叶品牌创始人	大学副教授、个人品牌打造专家、畅销书作家	出版多部畅销书，旗下账号粉丝数超过两千万人	—
蔡汶川	摄影	摄影师	数码、旅行、探店	佳能认证讲师，已出版图书《时光与你：唯美人像摄影与后期养成攻略》	头上顶着猫的摄影师，心愿是环游 60 国，进度 12%
花卷妈	亲子	中管院现代教育研究所特聘教育专员	8 家早教中心教学总监、精神分析心理咨询师	咨询案例超过 1000 例，帮助 5000 多个家庭解决育儿难题，2 门育儿课登抖音家长教育榜 TOP 1	—
卢战卡	职场	山东卫视《求职高手》节目导师、500 强企业高管教练	专注表达力创富教育 13 年	代表作"社交资本"丛书年销 30 万册	—

3. 企业号定位

企业号定位包括品牌理念、账号人格、内容方向、面向人群等。这 4 个方面是一个整体，不要把它们割裂开，更不要相互矛盾。企业定位一旦确立，就要长期投入，持续沿同一个方向发力，如表 1-4 所示。

表1-4

账号	品牌理念	账号人设	内容方向	面向人群
秋叶Office	让学习更简单，让工作轻松高效	聪明可爱的职员小乔	围绕具体职场技能设计的剧情短篇	大学生、职场新人及渴望有所突破的其他职场人
济南公安	全民反诈	正义警察	普及反诈知识	不太了解反诈知识的老百姓
太平鸟官方旗舰店	让每个人尽享时尚乐趣	美丽、时尚女孩	围绕时装的变装、穿搭、摆拍等	追逐美丽、时尚的年轻女性

（二）找准对标者，跑得更快

与其用不同定位概念把自己绕来绕去，不如找一批对标者，总结他们的实战经验，找到他们的不足或者空白点，形成自己短视频的特色和竞争壁垒。

先找对标者，好处很直观。

1. 对标者是好老师

一个好的对标者，就是你的好老师。

想做好抖音，免不了要先向做得好的同行学习，以便从他们那里复制成功经验。比如，他们的个人定位、爆款素材、爆款商品、经典话术等。

2. 你的精准用户藏在对标者那里

优秀者的成功不仅在于积累了一些成功经验，还在于他们已经吸引了一批比较精准的用户。对于缺乏用户积累的新手来说，与其挖空心思琢磨用户喜欢什么，花时间一点点积累用户，再分析用户画像，不如直接从对标者那里分析用户喜好。一出手，就是用户喜欢的。

3. 对标者提供了优秀素材库

对对标者的爆款素材进行广泛采集，其实也是在丰富你的素材库。也许有人会问：别人做了的，我为什么还要做？

那我必须指出来：就是因为别人做了，并且火了，你还可以继续做——既然有现成的巨人肩膀可以站，你何必选择一步步爬楼梯？更何况，有的经典话题其实是不断循环的，比如高考话题，过了这一年，到下一年的高考季，以前火过的素材，稍微改一改，依然可以火。

（三）4种方法，精确锁定对标者

有4种方法可以帮我们发现好的对标账号：关键词搜索、对标账号的类似账号、第三方数据平台、抖音热点宝。

1. 关键词搜索

第一步：归纳出赛道关键词，比如"个人品牌"。进入"巨量算数"官网，单击"算数指数"，在对话框中输入关键词，如图1-2所示。

图1-2

第二步：查看关键词的"关联分析"，如图1-3所示，重点关注"内容关联词"和"搜索关联词"，可以把其中出现的词作为我们的二次搜索词。这些词根据抖音后台统计得出，很有参考性。

图1-3

第三步：根据"热度关联词"和"搜索关联词"，在抖音里搜索。分类中重点关注这些："综合"（挑视频，看账号），"视频"（找对标素材和账号），"用户"（直接找对标账号），"直播"（找对标直播间），"话题"（找话题下的爆款视频，还可以收藏该话题，日后为我所用）等。

2. 对标账号的类似账号

找到一个对标者后，点击其主页"私信"按钮旁的三角形，如图1-4所示，会显示一些与这个对标者类似的账号，从中筛选，你就能找到需要的对标账号。

3. 第三方数据平台

我们还可以通过抖查查、蝉妈妈、飞瓜数据等第三方数据平台查找对标账号。

以蝉妈妈为例，登录后进入"达人库"榜单，

图1-4

如图1-5所示，重点留意"涨粉达人榜"和"黑马达人榜"。勾选榜单分类，关注近期粉丝增量较高的达人。

图1-5

4. 抖音热点宝

这是抖音官方推出的创作者工具，汇集抖音每日3000多个热点，支持多种热点分析和查询功能。

使用方法：进入抖音热点宝的官方网站（找不到入口的读者可以直接点击"抖音热点宝"账号主页的官网链接进入，如图1-6所示），选择"观测"，点击"推荐账号"

选择行业（支持多选），随后点击"昨日"，选择"近7天"，就能找到7天内行业涨粉最快的账号。

图 1-6

（四）把握 4 个维度，轻松拆解对标账号

复制对标账号成功经验，你需要重点关注对标账号的 4 个维度：账号定位、粉丝画像、变现模式、视频数据。

1. 账号定位

• **个人号**。看对方的标签（主标签＋副标签）、爆款事件有什么出彩的地方，对照着提取自己的标签和事件。切记不要盲目借鉴对标账号的副标签，而要根据自己的特色和优势来。

• **企业号**。着重分析对标账号的账号人格、内容方向、面向人群等，不建议全抄，可以进行差异化定位，从而圈定自己的特色优势。

• **视觉呈现**。留意对标账号的视觉包装（头像、抖音墙、视频封面等）是怎么凸显个人定位的，看了这些之后再对自己进行视觉包装，会更有方向。

2. 粉丝画像

通过第三方数据平台，可以看到对标账号的粉丝数据，主要数据包括性别、年龄、地域分布等，如图 1-7 所示。一般来说，可能出现以下两种情况。

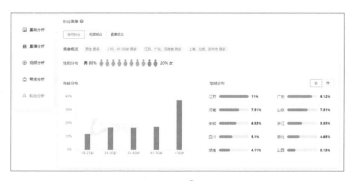

图 1-7[①]

情况一，对标账号的粉丝和我们的目标群体不大吻合。这种情况下，要考虑变现空间大不大，以及我们的目标群体能不能调整。

———————
① 截图来自蝉妈妈。

情况二，对标账号的粉丝和我们的目标群体大致吻合。那就持续跟踪该账号，分析它的粉丝趋势、涨粉主要来源（是视频还是直播），从而琢磨制敌战略。

• 如果对标账号涨粉主要靠直播，那我们重点研究其直播间，并发力短视频，做好短视频引流。

• 如果对标账号涨粉主要靠短视频，那我们就根据其粉丝画像推测用户感兴趣的内容，生产内容投其所好。还可以拆解对方的短视频，进行二次创作，同时把直播间努力做起来。

3. 变现模式

所有的内容输出，最终都指向变现这一目标。

有的账号做得好，但变现之路走不通，会影响账号的持续发展。毕竟，没有任何收益的事，很难坚持下去。反过来，变现做得好，反而能为账号投流等提供更多补给，有助于把"盘子"做得更大。

围绕对标账号的变现模式，主要考虑以下这些问题。

• **变现能不能走通**。如果一开始就发现对标账号难以变现，要早点放弃。方向错误是最大的错误。

• **变现能不能持续**。如果对标账号变现能力不错，接下来考虑这种变现能不能持续。居安要思危，目光一定要放长远，提前预估风险，再倒推策略步骤。

• **商业模式能不能套用**。如果对标账号卖课，你能不能推出自己的课程？对标账号有的渠道，你有没有，或者能不能设法做得更好、把价格压得更低？

把对标账号变现模式摸清楚，就明白自己有没有找准对标者及怎么去对标了。说到底，实现变现才是找对标的本质意义。

4. 视频数据

首先，对对标账号的视频封面、标题风格、一般时长、发布频率有一个基本了解。

其次，找出对标账号数据较好的视频，分析用户喜欢的点在哪里，对于好的选题，也可以纳入自己的选题库。

再次，浏览对标账号评论区，留意互动情况和用户在意的、调侃的点是什么，这可以作为你的灵感来源。

最后，看看对标账号数据不太好的视频，分析用户为什么不喜欢，避免自己后续拍视频"踩雷"。

二 看够 100 个爆款视频后再开拍

定位清楚了，接下来可以真枪实弹干起来了。

你也许希望自己一上场就百发百中，一条短视频"涨粉"10 万，但我劝你先看够 100 个爆款视频，把流量密码拿捏准了，再拍！找爆款视频的方法类似于找对标者的方法。"粉少赞多"的短视频比"粉多赞多"的短视频更具参考意义。

重点是，找到爆款视频，我们怎么看、怎么学？

（一）看选题：确定"拍什么"

一些伙伴对选题有误解，以为选题就是标题。

错！选题≠标题。

标题是一句话，主要是为了吸引用户点击或了解视频。选题是视频的内容方向，一个好的选题下可以开发 100 条乃至更多视频，构成一个系列，比如"职场穿搭""宝妈必备""个人品牌技能指南"等。

看选题，解决的是"拍什么"问题。大家平时刷到好的选题，应该有意识地收藏起来。找准流量选题，想不火都难。个人号与企业号选题的梳理和分类方式如表 1-5 所示。

表 1-5

账号类型	选题类型	作用	示例
个人	常规选题	符合人设定位，有价值输出，便于"打标签"	直播干货分享
	人设选题	使人设立体、有温度、接地气、有记忆点	奋斗故事，温暖亲情
	热点选题	结合热点，输出符合人设的内容，便于"出圈"	社会重大时事，行业领域重大事件
	活动选题	分阶段提前预热，打造"宠粉"人设	限量秒杀，干货加餐
企业	常规选题	符合企业调性及行业性质，有干货输出，用户有获得感	服装企业穿搭视频
	产品选题	推广产品，"种草"带货	产品效果、使用方法等
企业	人设选题	达人视频、动画，提升企业亲和力、辨识度、传播力	"秋叶"办公软件技能情景短剧
	活动选题	分阶段做预热、引流、返场福利等，打造"宠粉"人设	直播间打包福利介绍

（二）看标题：投用户所好

企业号的运营者写标题容易"端着"，个人号的运营者写标题容易个人化、主观化，这都不可取。好的标题通常有这些特点：贴近生活、有画面感、有悬念、有痛点、态度鲜明、有趣味、让观众有获得感等。

笔者总结了 10 种常见爆款标题，这些标题具有上述一个或多个特点，其效果及示例如表 1-6 所示。

表 1-6

类型	效果	示例
干货输出型	垂直输出有价值的内容	**打印表格的技巧**全都在这里
情感渗透型	感性讲述，动之以情	一个**普通大叔的二十年**
直击痛点型	用痛点唤起用户注意	Excel 中那些**恶心的空行**
数字引诱型	通过数字使场景、作用、效果可视	压箱底绝活，**5 秒搞定证件照**
场景植入型	用有趣、好玩的日常场景引发用户代入感	**"零零后"面试**，有多敢说？
新奇颠覆型	出人意料的科学观点、知识等	你买的**矿泉水是真的吗**？
炫技展示型	成果（效果）惊人或者与大众日常认知不符，打破成见	**带娃**这件事上，**女人居然输给男人**？
问句引导型	以疑问引发注意和思考	**如何**判断一个人是否真的有实力？
两难选择型	用常见问题开头，引起注意，给出有说服力的答案	抖音新号，**投流还是不投流**？
系列合集型	主题专题形式，利于形成品牌认知；如果某视频成为爆品，可顺势推出系列后续作品	拒绝无效读书（三）

（三）看封面：视觉冲击从哪来

有特色的封面，可以一眼吸睛，比文字更有冲击力。如果想强化内容，可以给封面加上文字，注意字号不小于 24 号，长度不宜超过 20 字，居中摆放，颜色与画面搭配协调或者形成强烈反差（如黑白反差）。如果再搭配问号、省略号等，更能引发用户的好奇。

1. 场景 + 标题

特点 截取视频某个有特点的场景作为封面，激发用户兴趣和好奇。例如，搞怪、夸张的表情动作，高颜值主人公的美丽瞬间，有故事性的瞬间，能引发联想的瞬间等，如图 1-8 所示。

2. 设计 + 标题

特点 有相对固定的模板和元素，整体风格、色调等统一，每张封面只对模板的部分元素进行调整。这样的封面辨识度高，有利于用户形成固定认知，加深记忆、认同，提高黏性，如图 1-9 所示。

图 1-8

图 1-9

3. 形象抠图 + 标题 + 背景

特点 突出达人的个人形象，并以此吸引粉丝，适合打造人设和有一定认知度的
账号。这类封面通常在达人形象、表情、造型、场景方面具有特点，可以学习模仿，
如图 1-10 所示。

图 1-10

4. 成果展示 + 标题

特点 展示结果,有说服力、精准吸引感兴趣的人群,标题醒目。适用于美食、穿搭、设计、摄影、美妆等类型的主题视频,如图 1-11 所示。

5. 纯文字

特点 简单、直接、醒目,标题大,标题内容往往言简意赅。这类封面有时也会增加少量设计元素,但文字依然是重点。适合素材类、干货类、知识类、讲解类短视频,如图 1-12 所示。

6. 横屏截图 + 文字 + 纯色背景

特点 文字醒目,达人形象露出,兼顾画面感和文字传达。适合知识类、干货类、素材类等账号,如图 1-13 所示。

图 1-11   图 1-12   图 1-13

（四）看结构：用结构抓节奏

如果按结构拆分爆款视频，重点看什么部分？重点看3段：开头、中间和结尾。

1. 开头：怎么吸引人

开头要吸引人，通常用场景或问题加以引导。

示例

网上有一条新闻说，"00后"大学生怒怼面试官："不是双休我不干。"这还真不是假的。

我们人事前一阵面试，一个"00后"的说法和新闻中一模一样，他进来就问："有没有双休？没有双休我就不来上班了。"还有："经常晚上加班吗？"如果晚上要加班，他也不会来。

我们是搞在线教育的，晚上肯定要上班，所以只能不录用他。面对这样的困境，我们怎么办？这条视频我就花3分钟时间把解决这个问题的思路给大家讲清楚。

分析

① 从社会关注度较高的话题"'00后'怒怼面试官"开始，语言简练、话题聚焦，吸引用户注意。

② 描述具体场景，抛出问题"面对这样的困境，我们怎么办"，引导用户思考。

③ 承诺"花3分钟时间把解决这个问题的思路给大家讲清楚"，让用户有心理预期，知道达人接下来会用一段时间讲什么，保持耐心继续看下去。

2. 中间：怎么留住人

留人方法不外乎提供价值、设置吸引元素和制造认同。

示例

最早的一批"00后"，今年也22岁了，刚好大四毕业，成为"00后"首批大学毕业生。这代人估计是听着"既然合不来，就不要勉强自己"的爱情箴言长大的。选一个老板，对他们来说就好像谈一场恋爱，喜欢就在一起，不喜欢马上就分手。

举个例子，网上有个用户分享面试的经历。来面试的"00后"女孩迟到了，进门不是道歉，反而是把包往桌上一丢，用手挽了挽头发，轻松地说了句"不好意思，来晚了，我们可以开始了"。像不像有的女生约会迟到时对男生说的话？面试官都被她的气势震惊了。更神的是，女孩还主动提醒面试官："我对薪资待遇和工作时长最关心，建议你重点讲讲这两方面。"这像是两个人互相了解对方的家底，判断对方是不是一个合适的恋爱对象……把面试的场景换成相亲的场景，一点儿问题都没有。

面对这样的"00后"，我们做老板的怎么办？我们得适应这些年轻人的想法，调整自己公司的经营模式，让年轻人在工作中能找到新的成就感。

那怎样激发"00后"的干劲呢？今天的"00后"更看重工作绩效上的成就感，领导一定要及时反馈，别等到月底或年底才对他们的工作绩效进行反馈。就好像打游戏、看"爽文"一样，大家期望马上就被认可。我一个朋友教我，和"00后"谈工作，得现场肯定那些做得不错的人，然后问他一个优秀的人会如何做到更好，鼓励他这样做，而且马上承诺可以兑现的奖励，这样"00后"就会充满干劲。

> 分析

① 用相亲场景类比"00后"面试场景，举一个典型的例子，增强内容趣味性和幽默感。

② 提问"面对这样的'00后'，我们做老板的怎么办"，列出具体建议，使用户有获得感。

③ 建议中的"及时反馈"等符合年轻用户心理预期，可有效增进这类用户的认同感。直白讲就是"说用户想听的话"。

3. 结尾：怎么引导互动

爆款视频结尾往往通过引导互动的话术，引导用户点赞、评论、收藏、转发、关注、下单等。

> 示例

所以我说，未来的企业要允许年轻人在职场结合工作打造自己的个人品牌，这会是一个趋势。你让年轻人直接创业太早，让他为你的企业奋斗，他不乐意。但让他在岗位上成为某个领域的专家，拥有自己的个人品牌，我认为是可以找到路径的。如果我们公司哪个员工稳定下来了，我都会和他谈：你将来想成为哪个领域的专家，我来帮你好不好？不过你要做专家，就得对标一流的人去做，努力好不好？如果员工说好，那恭喜你！坚持这么做，优秀的"00后"都会来你的企业。

> 分析

① 结尾部分，从"'00后'面试"话题转移到年轻人打造个人品牌问题：符合出镜者"个人品牌打造专家"人设，可顺势引导感兴趣的用户关注。

② 鼓励年轻人成为专家：再次制造认同，拉近距离，增进好感和信任。

③ "坚持这么做，优秀的'00后'都会来你的企业"：描述愿景，让用户看到希望，

促进用户点赞、收藏等动作。

根据以上内容，我们提炼了表 1-7 所示的自查项，大家可以对照着来分析。

表 1-7

自查项	是（√）
开头悬念性强不强：有没有设置开放式问题、两难问题或生活常见痛点场景	
中间价值性够不够：有没有给出具体建议或操作方法步骤，方法是不是清晰、可落地	
中间吸引力够不够：有没有正面迎合用户、制造认同；有没有反向激发，制造"对立"（要把握度），促使用户关注和持续观看	
结尾互动性够不够：话题与人设结合的紧密程度怎么样，有没有引导关注；有没有直接用话术引导关注，给出价值点；有没有描述愿景，撒下希望，增进认同	

不过，看得爽≠学到位了。

建议对于爆款视频，大家不仅要看完，最好还要依照上述方法对其文字稿进行细致拆解。快速获取爆款视频文字稿的方法不难，这里直接教给大家。

复制抖音短视频链接，打开"轻抖"App，选择"提取文案"，粘贴链接后点击确认，就可以生成相应文字稿。

（五）看标签：吸流量的小技巧

爆款视频带了哪些标签？有的标签可能自带流量（比如官方扶持），你可以把浏览量大的标签储备下来，便于后续利用。

1. 内容标签

指表示视频类别、主要内容等的标签，可吸引对这类内容感兴趣的人群。

•精简。存储爆款视频中浏览量大的标签，在视频文案中添加 1 ~ 3 个标签，每个标签的字数不宜过多，6 个字以内为宜。

•限定词。"新款秋冬女装""日系小清新女衣"等限定性词组成的标签比"女装"等泛词构成的标签精确性更高，能使短视频在分发时深入垂直领域，找到真正的目标受众群体。

•勿跟风。不要盲目跟风，添加过多与内容无关的标签，使系统无法识别推荐领域或将短视频分发给不相关人群。

2. 人群标签

我们还可以留意爆款短视频设置的目标受众群体。比如，运动、健身类短视频，可能添加了"运动达人""球迷"等标签；以二次元为主题的短视频，可能添加了"宅男""萝莉"标签等。

3. 热点词标签

有的爆款短视频善于紧跟热点，添加了热点词作为标签，以此提高短视频的曝光量。比如，春节期间的短视频多与"春节"这一热点相关，类似的标签有"新年""团圆饭"等。这类标签可以及时借用。

4. "@"同领域账号

"@"同领域对标账号便于系统为短视频内容打标签，不少爆款短视频采用了这种做法，大家也可以这样做。

（六）看评论：一手"敌情"尽在评论区

普通人看评论，主要看热闹。行家看评论，尤其看对标账号的评论区，能挖出"矿"来。

爆款短视频的评论能透露大量信息，比如达人人设是否被粉丝接受或喜爱，这条视频为什么会火，用户的注意力在哪里等，这都是一手"敌情"。

1. 根据评论分析人设定位和用户黏性

"秋叶 Excel"一条爆款视频的评论区中，粉丝对达人和短视频剧情的讨论非常热烈，如图 1-14 所示。这表明达人受到粉丝喜爱，粉丝黏性较高。我们可据此来分析、拆解该账号人设定位获得喜爱的原因。

2. 从评论中学习引导互动技巧

评论区中，如果达人积极与粉丝互动，并且粉丝热烈响应，我们可复制其方法。"秋叶"矩阵的不同账号相互就剧情进行互动，得到了粉丝的积极回应，如图 1-15 所示。

图 1-14

图 1-15

3. 从评论找共鸣点

在评论区找到点赞量最高的评论，它们就是灵感来源。"秋叶 Excel"某条爆款视频评论区中，用户关于工作效率的留言获得了 2.3 万赞，如图 1-16 所示，说明其引发了共鸣，那么"工作效率"可以作为之后的选题来源。

4. 从评论找"槽点"

如果对于短视频中埋下的"梗"，评论区中有大量讨论或"吐槽"，如图 1-17 所示，证明这类梗很受欢迎。我们可复制类似的"梗"。

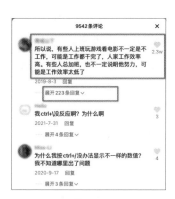

图 1-16

图 1-17

建立你的短视频素材库

短视频素材库就是你的兵器库。日常做好储备，灵感才能源源不断。建议大家从常规选题、热点选题、人设选题、活动选题 4 个维度进行分类储备。

（一）常规选题：持续输出，稳定"黏粉"

常规选题是一个账号的主要选题，作用是维持人设和调性、输送价值并"涨粉""黏粉"。

1. 赛道干货知识

赛道干货知识要点：有效性、可操作、持续输出。

• 有效性意味着干货确实存在，并且在一段时间内值得分享（要充分考虑视频生产制作周期和热度的持续性）。

• 可操作意味着要考虑多数人的情况，让别人可以复制。比如，教女性活出自我的视频，不要一上来就"保姆带娃"，因为没有那么多人需要请保姆。

• 持续输出有利于打造专业、可信赖人设。

2. 赛道经验分享

赛道经验分享要点：适当示弱、低调展示内涵、强调互动。

• **适当示弱**。人总有遇到挫折的时候，不要总是展示成果，适度分享自己的坎坷经验更能引发共情、建立信任。

• **低调展示内涵**。从来没有哪个高手会天天嚷着自己是天下第一，《天龙八部》里武功最高强的人只是一名少林寺的扫地僧。同理，要展示自己厉害，可以在有意无意间显露，但不要总是强调自己有多聪明、厉害等，降低后续翻车风险。

• **强调互动**。做经验分享选题时，要把互动部分考虑进来，"小尾巴"和彩蛋可预留给互动环节。

3. 赛道痛点需求

赛道痛点需求要点：是"真痛"。

• 拒绝"自嗨"，要选就选那个第一秒、直觉上就触动了你的选题。

• 多问问身边的伙伴，看看他们的反馈。

根据以上内容，我们提炼了表 1-8 所示的自查项，大家可以对照着来分析。

表 1-8

自查项	是（√）
有效性：选题是不是人云亦云，自己拍合不合适	
切入点：选题切入点是否与账号匹配，适不适合多数人复制	
受众面：选题的受众范围是否足够大	
价值点：选题是否为用户提供了足够的价值点	
人设值：选题是否能增加账号人设值	
风险性：选题接不接地气，有没有过度自我膨胀	

（二）热点选题：借势引流，扩大影响

热点选题便于借势引流，以及出圈扩大影响。

1. 可预知的热点：提前布局

• 法定节假日、纪念日。比如春节、七夕、国庆节等。

• 近期将发生的重大事件或举行的重大活动等。比如读书达人每年 4 月前就得筹备读书月选题。

• 正在热播的电视剧、院线电影。从中发现大众普遍讨论的话题。

2. 突发性热点：抓紧跟进

如果有突发性新闻，可以适当撷取其中与账号匹配的话题进行发散（应注意正向引导）。

• 社会热点。

• 娱乐八卦。

• 争议"吐槽"。

懂行的都知道，找突发热点，最方便的就是去微博话题榜。微博的热点往往领先其他平台，在微博发酵后扩散至其他社交媒体。可将微博话题榜中的突发事件，搬来抖音直接用，甚至热门评论也值得学习模仿。

3. 平台热门：持续关注

• 平台热门话题。在抖音热点宝，你能找到很多平台热门话题。

图 1-18

• 热门挑战。如果你关注的头部、中部达人中，有两位或更多人发了同样的挑战，还等什么？赶紧挑战起来。

• 热门创作形式。包括特效、剪辑方法、音乐、句式等。比如曾经流行的"我是云南的"短视频，几天内播放量就突破了 30 亿，"秋叶"团队借鉴这种简单顺口溜句式推出的"我是快捷键"短视频（见图 1-18）也一度爆火，这条短视频不仅让品牌得到"强曝光"，还为我们吸引了超过 12 万的新粉丝。

4. 要避免的雷区

• 无效蹭热点。与账号人设和定位无关的热点不要蹭。

• 敏感内容。除了常规性敏感内容，也须注意自己的画面、文案等中尽量不要出现可能被误认为敏感内容的点。

根据以上内容，我们提炼了表 1-9 所示的自查项，大家可以对照着来分析。

表1-9

自查项	是（√）
时效性：这个选题现在拍还来不来得及	
切入点：选题是否可以结合你的账号定位找切入点创作	
受众面：选题的受众范围是否足够大	
价值点：选题是否有价值点	
人设值：选题是否能提高账号人设值	
风险性：选题是否无风险性、无敏感性	

（三）人设选题：丰富形象，拉近距离

人设选题可以使账号更有温度和个人魅力，选题库中可适量准备这类选题。

1. 品牌故事

· **创立故事**。所有大品牌的创立背后一定有一个故事，用故事感动用户。

· **变革故事**。品牌发展过程中的重大改变，一定要挖与用户相关的内容。

· **成员故事**。用优秀成员的故事让品牌更具体、可感。

2. 生活方式

通过表现特定的生活方式，构造一种令用户向往的生活，让用户因为向往而关注，因为憧憬而下单。

· **品质生活**。尤其是高客单价直播间，短视频展示的生活侧面一定要是精致、有品位的。

· **小众爱好**。小众爱好能让粉丝看到你独特的一面，从而增进好感。如果你有什么特长，能被称为"别人家的……"，不妨展示出来，粉丝对这类故事总是乐此不疲。

· **美梦成真**。展示出粉丝向往而未能实现的场景，比如某达人通过分享"女追男"故事走红，热心的粉丝会持续关注达人，如果能看到童话般的结局，粉丝甚至会产生成就感。

3. 情感流露

阶段性情感流露能给账号增加温度。

· 感谢粉丝或某个特定的人（顺便讲点小故事）。感恩可以带来积极反馈，某抖音达人陷入舆论漩涡后，并没有直接"怼"黑粉，而是发布了一条感恩视频，感谢帮助过自己的陌生人，短视频引发大量粉丝在评论区回复"我们支持你"。

· 做抖音的收获（强调精神性、情感性收获）。这样的短视频一方面展示了你的成就，另一方面又让粉丝觉得你是真心、坦诚的。

· 某事引发的感触。如果事情比较小，就要描述得深入和动情。

· 为什么要坚持做账号。阐明初心，给出利益点，这样能赢得粉丝好感。

根据以上内容，我们提炼了表 1-10 所示的自查项，大家可以对照着来分析。

表 1-10

自查项	是（√）
需求点：话题是否你的目标用户会高频谈到的	
价值点：选题是否传递了价值	
人设值：选题是否匹配账号的垂直定位	
情绪值：选题是否调动了用户情绪（"吐槽"、感动、向往……）	
热门度：选题是否包含流量关键词	

（四）活动选题：活动预热，加速"引爆"

这类选题主要用于传递活动信息，为活动预热、增温、加速"引爆"、扩大影响等，主要包括以下几类。

· **粉丝福利**。不定时做这样的选题，能让粉丝形成固定认知：关注你是对的，关注你是有利的。

· **抽奖活动**。可通过不定时抽奖预热、"引爆"某些活动。

· **直播福利预告**。要神秘。揭露部分福利、暗示优惠大的同时，不要全部"剧透"，要让用户猜。

· **活动复盘**。高调展示有利于你的活动成绩，顺带送上小福利。

根据以上内容，我们提炼了表 1-11 所示的自查项，大家可以对照着来分析。

表 1-11

自查项	是（√）
需求点：话题是否你的目标用户感兴趣的	
价值点：选题是否有效传递了"宠粉"信息	
人设值：选题是否匹配账号的垂直定位	
情绪值：选题是否调动了用户情绪（"吐槽"、感动、向往……）	
热门度：选题是否包含流量关键词	

四 什么样的视频让人看完想点赞

纵览抖音爆款视频，点赞高的要么善于调动用户感性情绪，要么属于"技术流"，能够用实用或稀缺内容征服观众。当然，有的短视频除了内容出彩，还加入了点赞引导。总结打造高赞视频的公式如下。

> 高赞视频 = 强烈情绪触发 + 充分内容价值 + 顺势引导

（一）触发情绪，轻松引发共鸣

人在理性的情况下，容易做是非判断；但在感性的情况下，容易做喜好判断。短视频从本质上讲，是一种集成声影、图文的感性表达方式。情绪是一个好抓手，用好它，获赞更容易。

1. 悬念引导

在短视频中设置悬念，如表 1-12 所示，让观众对答案好奇，思绪随着视频的推进不断变化。

表 1-12

类型	要点	适合场景	示例
剧情悬念	剧情中埋下线索，引导用户揣测	剧情类	谁才是真正的凶手
两难问题	在开头抛出一个两难问题，引导用户思考	知识分享、干货分享、社会热点	职场新人遇到这种情况，该坚持还是该放弃
问答	提出一个问题，让用户保持期待，再揭露答案	知识分享、干货分享、好物分享、采访	在抖音，什么样的视频更受欢迎
尖锐问题	开头故意抛出尖锐问题，后半段揭露特殊背景，展示其合理性	人设故事、知识分享、经验分享、剧情类	被开除了，我竟然有点高兴
多重反转	剧情不断反转，意外迭出，反复抓挠用户情绪	剧情类	——
结尾悬念	结尾处埋下一个新梗，引导用户追后续视频	知识分享、干货分享、剧情类、活动预告、好物分享	据说现场会有大咖降临哦

2. 音乐调动

音乐可营造气氛，调动观众情绪，如表 1-13 所示。

3. 真人吸引

真人出镜比动漫等形式更容易培养用户黏性。可在初期让不同的达人出镜，通过点赞、转发、收藏数及评论观察用户喜好，对用户喜欢的达人，果断增加出镜频率和镜头。真人出镜常见特色元素如表 1-14 所示。

表 1-13

类型	要点	适合场景	示例
激情励志型	音乐情绪饱满、歌词正面励志	创业故事、逆袭故事、炫技展示	《Dream It Possible》
欢乐烘托型	节奏感强、音乐欢快	剧情类、好物分享、探店类	《南锣鼓巷》
节奏卡点型	节奏感强、卡点明显	颜值类、换装类、舞蹈才艺类	《漠河舞厅》
温柔伤感型	音乐舒缓温柔，略带感伤	剧情类、经验分享、情感故事	《Melancholy》
转场音乐	配合内容转场过渡，有效卡点，配合文图引导效果加倍	情节反转处、笑点、结尾处	—

表 1-14

类型	要点	适合场景	示例
方言	使用特色方言吸引用户	剧情搞笑、生活日常、乡村	乡村搞笑段子
"自黑"	无伤大雅的"自黑"或自嘲	剧情类、干货分享、知识分享	秋叶大叔的"他们笑我大舌头，我偏要靠嘴吃饭"
造型	夸张的、出人意料的造型，让用户有新鲜感	有一定认知度和粉丝基数的达人	"秋叶PPT"小美校服造型
对比反差	用强烈反差提升用户感官体验，配合音乐、画面、光线、文字烘托，效果更佳	前后对比、角色对比、时间线对比、不同场景对比、现实和希望对比	"校内的我和校外的我""上班时和下班后""妆前妆后"
模仿	模仿穿着打扮、道具、说话风格、经典口头禅、经典场景等	剧情搞笑	普通男生模仿特工的着装、眼神等

4. 代入身份

代入身份可以提升具有类似特点用户的认同感，激发好感，引发点赞行为。可代入的身份标签有职业、地域、年龄、特定群体等，如表 1-15 所示。

表 1-15

类型	要点	适合场景	示例
职业	点明职业身份，聊这类从业者在意的话题，引发这类人的好感	知识分享、经验分享	我们做老板的，最担心……
地域	点明地域，亲近同地域用户，降低信任门槛，换取更多好感	聚焦本地生活的内容，探店类、好物分享、社会热点、正能量故事	河南人帮助河南人
年龄	点明年龄，引发同年龄层用户好感或增进信任	知识分享、经验分享	30+，人生刚刚开始
特定群体	点明某个群体，获得这类群体好感，增强说服力	人设性强的账号、知识分享、经验分享、干货分享、好物分享	"离异带娃""下岗创业""跳槽升职""辞职考博"

5. 共情

适当煽情可增强短视频感染力,让用户在感动之下产生互动行为。还可配以金句,金句用加大加粗文字、表情包、氛围感音乐等增强共情效果。总结公式如下。

共情＝治愈系画面＋氛围感音乐＋哲理／抒情文案＋真诚演绎／讲述

具体示例如表 1-16 所示。

表 1-16

要素	要点	适合场景	示例
画面	治愈系画面	丰富人设,人物访谈,摄影垂类,旅游垂类,文化垂类,情感垂类	怀旧复古感照片
音乐	抒情音乐,营造氛围感		《Melancholy》
文案	饱含哲理、金句频出(加字幕强化)、温柔抒情		"谁都有雨天没有带伞的时候"
演绎	真诚、娓娓道来		—

6. 特效吸引

特效可以让一个本来平平无奇的视频更有画面冲击力,特效类型如表 1-17 所示。

表 1-17

类型	要点	适合场景	示例
平台特效	在拍摄制作中使用短视频平台的工具／特效板块等达到的效果,相当于手机拍摄中的美颜、滤镜等功能	挑战类、剧情类	利用抖音平台的特效板块能够制作出"天使"等效果
技术特效	运用特殊的拍摄技巧,加以巧妙的剪辑,达到富有视觉冲击力的效果	分享类、技术类、剪辑类等	通过对"跳入杯中"与"水花溅起"的视频片段进行巧妙的剪辑,制作出"人跳入杯中"的视觉假象
专业特效	借助专业设备,由专业特效师完成的效果,制作周期长,适合专业团队	由团队根据内容来定,可在开头、转场、结尾等处设置	汉服视频中的飞天特效等

(二)提供价值点,用实力赢"赞"

内容价值就是让用户觉得自己以后用得到。高内容价值的短视频通常信息量大,需要时间消化和实践。

1. 成果展示

展示成果,让用户产生"照着学,我也能这样"的想法,如表 1-18 所示。适合美食、摄影、美妆、技术等类型的账号。

表 1-18

类型	要点	适合场景	示例
简单速成	降低门槛，让用户觉得做某事"其实很简单"	干货技巧分享、操作步骤分享、妙招分享	2分钟搞定甜酷双马尾
热门同款	以一个热门案例为引子，拆解背后的技巧，让用户觉得自己也能学会	干货技巧分享、操作步骤分享、妙招分享	跟着我，得到×××同款造型模特惯用的摆拍技巧，快来抄作业
邀请打分	封面展示成品，邀请用户打分，给出详细步骤	干货技巧分享、经验复盘、操作步骤分享	今天的眼影你给几分
合集系列	一条短视频介绍一个内容，做成合集，吸引用户持续观看	成体系的干货技巧分享	我是怎么一周涨粉10万的（一）我是怎么一周涨粉10万的（二）

2. 干货输出

输出有价值的干货，用内容撬动用户点赞，如表 1-19 所示。

表 1-19

类型	要点	适合场景	示例
行动清单	逐条列举干货，获得感满满；列数字强化干货获得感，促使读者收藏	干货技巧分享、心得分享、操作步骤分享、妙招分享	给……的5个建议 未来的3个趋势，普通人不知道 面试的3个技巧，90%的人不知道
避坑指南	打破认知误区，给出解决方案，快速吸引目标人群	知识答疑类干货、专业认知类干货、痛点问题解决方案	千万不要…… 真正……的人是…… 如何……
案例分享	拆解复盘真实案例，"真实案例＋干货复盘"，增强粉丝信服度	成长复盘、爆款成果复盘、商业洞察、行业拆解	通过……的事，我学会了什么 ……怎么做到年入500万的 一条视频涨粉1万，我是怎样做的
"种草"推荐	根据有痛点的主题，推荐好书/纪录片/好产品，"干货＋产品植入"，带动产品销售	推荐大咖好书，链接大咖 推荐学习资源，"宠粉"送福利 推荐个人产品，增加产品曝光	什么是《底层逻辑》 提升幸福感，便宜又实用的小东西分享给你
技术分享	分享或展示扎实、专业的硬核技术	专业能力强，"技术流"	舞蹈生都这样劈叉

3. 稀缺内容

向特定人群输出对方需要的稀缺内容，以稀缺换好感，如表 1-20 所示。

表1-20

类型	要点	适合场景	示例
罕见景观	分享不多见的景观，让用户有新鲜感	风光、摄影、人文地理、旅行、乡村	感受极光的美
别样生活	分享不一样的生活或生活中的"特别时刻"	人设故事、励志故事、乡村田园、三农、搞笑、日常分享等	耶鲁大学毕业后，他放弃百万年薪回到山村服务今天放学我遇到了一只鸵鸟
精尖知识	分享前沿的、预测性的知识等	科技前沿、学科新知、行业预测、趋势判断	元宇宙会是下一个风口吗
一手消息	分享第一时间知道的劲爆消息或与某个群体关系重大的事情	赛道观察、趋势判断等	刚刚……

4.利益相关

分享让用户觉得和自己的利益相关的内容，如表1-21所示。多数人难以忽略与自身利益相关的事情，这是人性使然。

表1-21

类型	要点	适合场景	示例
生活相关	分享与生活相关的小事，让用户感觉"我也是这样"或者"我也希望这样"	剧情、反转、励志、经验分享、萌宠等	微信省钱技巧，不知道就亏大了
群体相关	分享与某些特定群体利益紧密相关的内容，通过高度垂直信息吸引精准人群	干货分享、知识分享、经验分享、借势营销	我不允许还有上班族不知道这种轻松变现的副业
行业相关	分享行业、赛道的内容，让用户觉得看到就学到了	赛道干货、行业知识、行业内幕等	半导体跌上热搜，它还行吗
地域相关	分享聚焦地域的内容，辐射该地域及其他感兴趣的人群	热点事件、政策解读、干货分享、知识分享、城市生活	北上广深的生存逻辑

（三）主动引导，有效提高点赞率

除了用内容吸引点赞，你还可以主动出击。怎么做？教你三招。

1.视频画面增加引导点赞的文图

可通过在视频画面增加"点个赞""为……点赞"等文字，再搭配合适的表情包，强化点赞引导，如图1-19所示。

2.视频脚本开头或结尾引导

可在视频脚本的开头或结尾植入相关话术，引导用户点赞，如表1-22所示。

图 1-19

表 1-22

类型	要点	话术示例
正向引导	顺着用户的想法说，鼓励用户如果希望实现某个美好结果就点赞	您觉着按照这个方法学习，您的孩子可以考上名校吗？觉得可以的，点个赞吧
认同点赞	通过内容说服用户，赢得信任，鼓励其点赞	同意的请点个赞 坚持看到这里的老铁点个赞吧 ……为他点个赞
利益点赞	做出某些许诺，鼓励点赞行为	点个赞，后续更多福利等着你
同理心引导	通过某些特殊情景、遭遇故事触发用户同理心，顺势引导点赞	遇到过这种情况的点个赞 心疼外卖小哥的点个赞

3. 发布文案强化引导

发布文案中也可以加入引导语，鼓励用户点赞。如表 1-23 所示。

表 1-23

类型	要点	话术示例
赞美点赞	赞美用户，鼓励用户点赞后美好的事会发生	听说点赞的个个都上岸 听说点赞的人后来都找到了女朋友～
认同点赞	通过视频内容说服用户，赢得信任或喜欢，鼓励其点赞	喜欢这套穿搭的请点赞 技能学到手，点个赞再走
利益点赞	做出某些许诺，鼓励点赞行为	30 秒搞定……建议先点赞再收藏
同理心引导	通过某些特殊情景、遭遇故事触发用户同理心，顺势引导点赞	太感动了！为这位匿名做好事的小哥点个赞

 五 **爆款视频不一定爆品**

下面是两条爆款视频的评论热词，如图 1-20 所示：一条是爆款视频，但不带货；

另一条不仅播放数据不错,还把单价19.9元的商品(毛巾)卖出了7.5万元的销售额。

相信大家一眼就看出来了:第一条视频内容"爆"了,品不"爆";第二条才"爆品"。

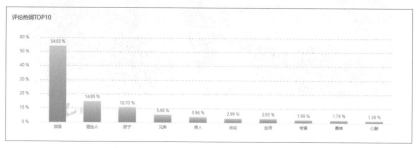

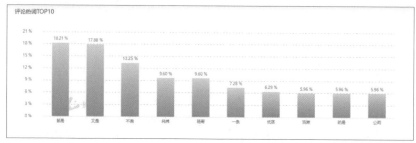

图 1-20[①]

如果视频"爆"了,不卖货行不行?"爆品"的逻辑和窍门在哪里?

(一)每一个"爆款",都是机会

视频"爆"了,但不带货行不行?视频能"爆品"固然好,但没"爆品"的爆款视频也有不小的意义。

1.降低信任/转化门槛

在你的素材或资料较少的情况下,用户不怎么认识你,这时信任门槛、关注门槛都比较高。有了爆款视频,就有了定海神针,更能引发用户的互动或转化动作。

2.增加账号权重

哪个平台不希望用优质内容留住用户?你能推出越多爆款视频,账号权重就会相应增加,后期起量就越容易。甚至接下来如果直播变现,你会发现账号流量上了一个台阶,因为爆款带来了推流。

---

① 截图来自蝉妈妈。

3. 用爆款换影响力

爆款视频能增强账号、达人或商家的影响力，扩大其影响面，有利于打造个人品牌或树立企业形象，这是一笔隐形资产。

（二）让"爆款"视频，变成"爆品"视频

图 1-20 的两张评论热词截图中，前者的评论多关注剧情，后者的评论包含"不贵""纯棉"等与产品有关的词，因为视频主线就是在推产品。

这揭露了一个事实：爆品的核心在于，产品不仅仅是自然植入的道具，它更是创作的中心，是主角。

1. 产品 > 内容

多数带货视频为了避免用户反感，会植入一些剧情，通过剧情带出产品，这个思路没问题，但注意：剧情只是引子，产品才是主角。

比如这条毛巾带货视频，总共 39 秒。开头（第 1 ~ 10 秒）用段子调侃了一下品牌方与带货达人的见面过程（场景化，交代故事背景），产品词"毛巾"在第 17 秒出现。之后，短视频内容就全是直接宣传产品了。笔者统计了该视频中所有的产品卖点文案，如表 1-24 所示。

表 1-24

卖点	文案（视频中配合画面显示）
价格低	<ul><li>这个东西就 19 块 9</li><li>19 块 9 加购物车</li><li>19 块 9</li></ul>
量大划算	<ul><li>1 条浴巾加 1 条毛巾</li><li>再加 1 条毛巾</li><li>3 条</li><li>2 条毛巾</li><li>1 条浴巾</li></ul>
产品性能	<ul><li>这款吸水性很强啊</li><li>珊瑚绒亲肤</li><li>珊瑚绒不掉毛</li></ul>
总结	<ul><li>19 块 9，1 条浴巾加 2 条毛巾</li><li>夏天来了，你的毛巾换了吗</li></ul>

强调价格低的文案出现了 3 次。

强调产品数量的文案出现了 5 次。

强调产品性能的文案出现了 3 次。

结尾再次将量大价低的卖点强调 1 次。

总结一下：将一句话的卖点重复两到三遍（简单到你不敢相信），只是画面换一换而已。

2. 画面＞语言

短视频中，达人一共在镜头前甩毛巾、举毛巾 7 次。毛巾的画面不断出现。

此外，这条短视频除了反复强调几个核心卖点外，省略了大量语言描述，比如毛巾的吸水性就主要通过扭毛巾展示。达人还夸张地用桶装水画面展示一条毛巾吸了多少水，如图 1-21 所示。

图 1-21

这是因为：**画面的冲击力比文案大得多。**

所以建议大家：

如果是卖化妆品，就近距离展示模特妆效，搭配前后对比；

如果是卖糕点，就展示糕点流心的诱人画面；

如果是卖衣服，就展示模特上身后的效果。

一句话：**爆品短视频的秘诀就是最大化地围绕产品做视觉化呈现。**

（三）趁热打铁，加速"引爆"

如果带货视频初步数据还不错，你需要为它再点一把火。点火方法包括但不限于：

社群推广、朋友圈扩散、渠道推荐、复盘、连环推新等。

1. 社群推广

社群推广公式如下。

> 好的氛围 + 好的理由

拎出带货视频中的价值点，以利他的口吻在合适的氛围中推广视频。比如，在读书群讨论阅读方法的时候带出阅读方法类图书的带货视频，并列举出这本书如何帮助了自己等。

氛围示例

- 空闲或闲聊时：适合分享需求大、价格低的快消品带货视频。
- 求助时：适合分享求助者用得上的强应用型商品带货视频。
- 讨论时：适合分享与讨论主题密切相关的商品带货视频。

理由示例

- 有优惠（限时限量限价）。
- 有人受益（现身说法）。
- 价值引导（拥有后，生活会更美好）。

2. 朋友圈扩散

朋友圈扩散短视频的公式如下。

> 抛出话题 + 晒数据 / 秀肌肉 + （内容指导）+（经验分享）+ 引导观看

具体示例如表 1-25 所示。

3. 渠道推荐

可以联系合适的 KOL、KOC 等，进行扩散推广。如图 1-22 所示。

表 1-25

内容	分析	示例
抛出话题	背景铺垫，为满足用户速读需求，力求简短，最好用一句话概括，让用户看到你在表达什么	课还没上架就卖出 200 单，我是如何做到的
晒数据 / 秀肌肉	进一步说明分享缘由，让用户觉得"哇，好厉害"	最近我录了一门网课，还没上架，也没有对外宣传，就卖了 200 单！等于直接赚了 2 万块
内容指导（如简短，可省略）	让用户明白自己能获得什么	我是怎么做到的呢？很简单，我告诉小伙伴，全程直播我录课的过程

续表

内容	分析	示例
经验分享（如文案简短，可省略）	如实分享经验，让用户觉得确实不错、值得一试，同时强调门槛不高、代价（价格）不大（贵）	课件准备好，我就开始录，两个下午我就录完了7节课。 很多人刷到我的直播间，就听我讲课，发现我是真的讲得好，想跟着学，看到有一个授课链接，马上就下了单。 很多人还以为我是在放录播，哈哈哈，其实我是直播录课，所以我讲课的时候不会引导大家买课，就是小伙伴在评论区引导一下。 不过大家也不是冲动下单，第一我是真讲得好，第二我定价非常合理，一门教你用短视频打造个人品牌的课程，只要99元（直播间预售价），第三我还一人送一本《抖音电商战法：如何把爆款变成常态》，等于是发"宠粉"福利
引导观看	顺着前述分享，自然引导	小伙伴说别人是录完课赚钱，我是录课就赚钱。你要对这门课感兴趣啊，点视频了解

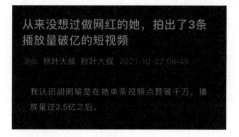

图 1-22

4. 复盘

在公众号、社群、朋友圈等进行复盘，促进二次传播，如图 1-23 所示。

干货复盘

业绩复盘　　　　　　　活动复盘

图 1-23

5. 连环推新

爆品后，抓住时机沿着同一个内容方向推出新视频，打造"连环爆"。

比如，"秋叶 Excel"推出的"劫匪"短视频火了以后，又连续推出了几条，点赞量从 6.6 万一条涨到了 25.5 万一条，如图 1-24 所示。

图 1-24

六 这样拍摄剪辑，短视频更出彩

除了短视频内容外，怎么拍摄、怎么剪辑也会对短视频的最终效果有很大影响。怎么拍摄剪辑，能让短视频更出彩呢？

（一）纠结器材？买贵不如买合适

某头部直播间使用的器材昂贵、先进，被众多直播间效仿。但是买贵的就对了吗？贵的就一定适合你吗？不必纠结，买贵不如买合适。

团队规模和预算不同，选择的设备肯定不一样。账号运营团队，尤其是初创团队，和把抖音电商作为副业发展的个人，尽量不要一口气买一堆专业设备。可以从 4 类基础设备开始配置，具体如表 1-26 所示。

1. 拍摄设备：智能手机、微单相机和单反相机

常见的拍摄设备主要有智能手机、微单相机和单反相机 3 类。

• **智能手机**。智能手机是最常用的拍照录像设备，相比专业相机，优势在于：机身轻便，便于携带；操作简单，上手容易；分享方便，功能多样；成本较低，适合初创团队。

表 1-26

设备类型	具体设备示例
拍摄设备	智能手机、微单相机、单反相机
稳定设备	三脚架、手持稳定器
灯光设备	主灯、辅灯、轮廓灯、环境灯
收声设备	麦克风

随着智能手机拍摄功能的不断完善，借助智能手机能满足基本的拍摄需求。对于对画面效果没有过高要求，预算又有限的拍摄人员，选择主流手机品牌的旗舰机型是不错的选择。

• **微单相机**。微单相机分为 APS-C 画幅和全画幅两种。与智能手机相比，微单相机画质更清晰、功能更齐全。

对于预算有限且对短视频画质有一定要求的团队来说，8000 元以内的 APS-C 画幅微单是不错的选择。比如，索尼 A6400，这款微单相机画质细腻，可以拍摄 4K 超高清视频，拥有 180° 可翻转触屏，对于拍 vlog 的人来说非常方便。

全画幅微单因轻便和小巧，越来越受消费者欢迎，价格稍高于 APS-C 画幅微单。比如，索尼 A7R4，这款相机拥有约 6100 万有效像素的传感器，在对焦、画质、连拍等方面均表现优秀。

• **单反相机**。单反相机外形比微单相机更大，功能较强。具备拍摄技巧，对画质要求较高的团队，可以选择一款合适的单反相机作为拍摄设备。比如，佳能 5D4，这款全画幅单反相机拥有优质的对焦系统，高速连摄可达约 7 张 / 秒，拥有最高 32000 感光度，在画质、对焦、操控等方面都具有很高性能。

当然，单反相机搭配不同镜头，画面效果也会不同。常见镜头焦段如 35mm、85mm、24mm ～ 70mm、24mm ～ 105mm 等。如果能购置 2 枚镜头，建议选择 1 个定焦镜头与 1 个变焦镜头。镜头光圈越大，背景虚化效果越好，主体也就越突出。

2. 稳定设备：三脚架、手持稳定器

稳定设备的作用是固定拍摄设备，在拍摄过程中维持画面平稳。常见的稳定设备主要有三脚架和手持稳定器。

• **三脚架**。三脚架主要用于固定静止机位。在拍摄或直播时将手机或相机固定在三脚架上，能够保证画面稳定不抖动。选购三脚架时，最先要考虑的就是三脚架

的稳定性。如果需要经常携带三脚架外出拍摄，可选购坚实且相对轻便的碳纤维材质三脚架。

• **手持稳定器**。在拍摄或直播时，如果需要移动拍摄，仅靠手持设备，容易导致设备晃动，拍摄画面模糊，给后期制作带来麻烦。手持稳定器的作用是辅助拍摄设备拍摄，在拍摄设备移动时也能获得流畅稳定的画面。

3. 灯光设备：主灯、辅灯、轮廓灯和环境灯

灯光道具的作用是给被摄主体补充光线，提高拍摄画面的亮度和清晰度，避免出现拍摄画面太暗、人像太黑等问题。在拍摄短视频时，一般需要用到主灯、辅灯、轮廓灯、环境灯等。它们的作用和选购要点，如表 1-27 所示。

表 1-27

类型	作用	选购要点
主灯	主导光，决定画面的主调，能提亮出镜人或拍摄物体的亮度，使人物眼神更有光彩	尽量选用质量较好、功率更大的灯，搭配八角柔光箱使用
辅灯	补充人物或物体阴影部分及画面暗部，增加画面立体感	功率小于主灯，可选用 LED 灯
轮廓灯	勾勒人物或物体线条，突出拍摄主体	可选用 LED 灯
环境灯	光线均匀覆盖拍摄环境，提高整体画质，渲染氛围	可选用 LED 灯

4. 收声设备：麦克风

麦克风用于收录现场声音，避免因距离不同、现场噪声和杂音而影响收声效果。常见收声设备有索尼无线夹领小蜜蜂等。

（二）精细打光，提升画面质感

拍摄短视频前，要先打造合适的拍摄场景，给观众真实感和代入感。比如，当拍摄主题为温馨的家庭环境时，可以直接在家中拍摄，还原日常生活真实状态，引发观众共鸣。确定好拍摄场地后，就需要布置现场灯光了。

1. 人物拍摄布光

相对于影视剧的灯光布置，大部分短视频的拍摄对灯光的要求不会太高，但拍摄人物需要多布置几种光，来达到更好的画面效果。拍摄时，可以使用主灯、辅助灯、轮廓灯相互配合，布光方式如图 1-25 所示。

2. 物体拍摄布光

拍摄物体，如服装、美食点心、首饰等时，要准备主灯、柔光屏和卡纸。主灯是

主要光源，可以使用柔光箱。柔光屏作为反光板使用。卡纸可以用来补光和挡光。布光时，可以采用侧面打光或背面打光的方式，让拍摄物更有立体感或光泽度，如图 1-26 所示。

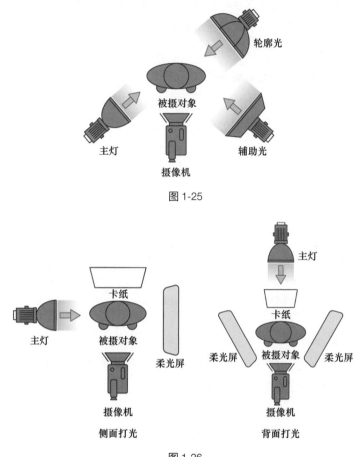

图 1-25

图 1-26

（三）学会构图，废片变大片

好的视频构图能更好地展现主体，突出视觉重点，使画面更有层次感。想拍摄出高质量的短视频画面，需先了解构图三要素。

1. 主体（人 / 物）

主体是拍摄中关注的主要对象，是画面构图的主要组成部分。点、线、面都能成为画面的主体。主体作为构图的行为中心，使画面构图中的各种元素都围绕其展开。同时，主体也用以表达内容、构建画面，常有画龙点睛之意。

2. 陪体（人 / 物）

陪体在画面中作为陪衬的物体，与主体息息相关，也是除主体之外最直接的次要拍摄对象。陪体可以丰富画面、渲染氛围，对主体起到解释、限定、说明、衬托等作用。适当地运用陪体，有利于精准呈现画面。但陪体不是必须存在的，需根据实际画面情况确定是否设置陪体。

3. 环境（前景 / 中景 / 背景）

环境是主体周围的人物、景物和空间，是画面的重要组成部分，主要可分为前景、中景、背景。环境的作用是交代事物、事件的存在，以及地点、时间、空间，营造画面气氛和意境，并渲染整体氛围。

了解了构图三要素，我们就能根据一些常见的构图类型，拍摄出更有表现力的画面了。常见构图类型，如表 1-28 所示。

表 1-28

构图类型	特点	示例
中心构图	将被摄主体放在画面中心进行拍摄，能更好地突出主题，构图简练，容易让画面保持左右平衡	
前景构图	在被摄主体前放置道具，利用被摄主体与镜头之间的景物进行构图，以增加画面的层次感	

构图类型	特点	示例
三分线构图	将画面按照横向或纵向均分为三部分，在拍摄时将主体放在三分线的某一位置进行构图取景，在突出主体的同时可以让画面更美观	
透视构图	视频中的某一条线或者某几条线由近及远延伸，画面更有空间感，主体位于中间或延伸方向	
九宫格构图	在构图时将画面的四条边分为三等份，连接形成"井"字，将被摄主体放置在笔画交点处，这样布局能够使画面更协调	
框架构图	利用画面中的框架物体将被摄主体框起来，这种构图方式能使人的注意力聚焦在框内的主体上	

（四）流畅运镜方式，你学会了吗

运镜说的是拍摄时通过移动摄像机机位，或者改变镜头焦距进行拍摄。常见的运镜方式有推、拉、摇、移、跟、甩、环绕、升降等。

1. 推镜头

推镜头指镜头与画面逐渐靠近，画面内的被摄主体逐渐放大，画面外框逐渐缩小，使观众的视线从整体转移到某一局部画面。推镜头能够渲染情绪、烘托氛围，让观众感受到人物的内心世界。

2. 拉镜头

拉镜头指镜头逐渐远离画面主体，向后拉远，逐渐扩大视野范围，展现局部与整体的联系。拉镜头可以表现主体在环境中的位置，也可以用于衔接两个镜头。将推、拉镜头结合就可以实现滑动变焦。

3. 摇镜头

摇镜头指摄像机不动，以三脚架为支点，变动摄像机的光学镜头轴线进行拍摄。通常用于介绍环境、表现主体的运动轨迹、表现人物的主观视线和内心活动等。比如，唱跳歌手表演时，摄影师可以摇动镜头，不仅能展现其丰富的肢体动作，还能传递现场观众的热情与激动。

4. 移镜头

移镜头指摄像机在水平方向按一定运动轨迹拍摄。移镜头能使画面中的背景不断变化，呈现出一种流动感，让人有置身其中的感觉。一般在音乐短片中经常能看到。

5. 跟镜头

跟镜头指摄像机跟随主体移动拍摄，运动轨迹可以是直线，也可以是随主体变化的有弧度的跟拍。跟镜头不仅能突出被摄主体，还能让观众更多地感知画面中的场景。当然，跟镜头是在运动中完成的，需要尽量选择平坦地面跟拍，保证拍摄效果。

6. 甩镜头

甩镜头指镜头在前一个画面结束时快速地转向另一个方向，甩镜头的过程会使画面变模糊，当镜头稳定时会出现新的画面。它的作用是表现事物、时间、空间的急剧变化，营造人物内心的紧迫感。

7. 环绕镜头

环绕镜头是一种难度较大的环拍方式，主要有180°环拍和360°环拍。用摄像机围绕主体进行180°或360°的环绕拍摄，使画面呈现出三维空间效果，建议使用稳定器协助拍摄。

8. 升降镜头

升降镜头指摄像机借助升降装置，在升降的过程中进行拍摄。其中，升镜头指镜头向上移动形成俯视拍摄，显示广阔的空间；降镜头指镜头向下移动形成仰视拍摄，多用于拍摄大场面，以营造气势。升降拍摄能使镜头画面范围得到扩展和收缩，达到多角度、多方位的拍摄效果。

在短视频拍摄过程中，可以灵活运用这 8 种常用运镜方式，也可以在一个镜头中同时使用推、拉、移、跟等多种运镜方式，丰富画面效果。

（五）无视频不后期：成片优化指南

拍摄完的视频，一般不会直接拿来发布，要先"优化"一番，这种后期制作对视频的最终效果起着很大的作用。

1. 视频剪辑，让内容更紧凑

视频剪辑能够删除多余的视频内容，让视频内容紧凑、节奏更快，提高完播率，增加用户观看时长。以"剪映"App 为例，操作方法如下（见图 1-27）。

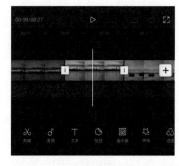

浏览素材　　　　　　　　　　选择剪辑区域

图 1-27

• 浏览视频，在需要剪辑处停留，点击"剪辑"。

• 通过点击，选择剪辑区域。

• 点击"删除"，可删除选中的视频片段；点击"+"号并添加素材，可用其他片段替代选中的视频片段。

2. 调整画幅，专注表达

适当裁切画面能够放大主体，去除多余的元素，让布局更紧凑，主题更凸显。通过裁切，还能改变画幅和横纵比，比如把原来的横屏（4：3）变为竖屏（9：16）。

以"剪映"App 为例，操作方法如下（见图 1-28）。

选择"剪辑"　　　　　　选择"裁剪"　　　　　选择合适横纵比

图 1-28

- 浏览素材，在需要调整处停留，点击"剪辑"。
- 选择调整范围，点击"裁剪"。
- 找到理想的横纵比，点击并调整画面区域。

3. 色彩魔法：调色让视频焕然一新

不同的画面色调带有不同的情感倾向，与内容主题匹配的色彩才能准确传达作品的内涵，后期制作可通过调色赋予画面更多内涵。

- **基础参数**。调色一般先调整基础参数，避免画面出现过度曝光、过度饱和等情况。

在手机调色软件或专业调色软件中，可对画面的曝光、高光、阴影、对比度、亮度、饱和度、自然饱和度、色温、色调、锐度、晕影等进行调节。注意，尽量在色彩还原度高的手机或计算机上操作，这样我们从屏幕上看到的调色效果更接近视频的实际色彩效果。

- **RGB 曲线**。RGB 是光的三原色，即红（Red）、绿（Green）、蓝（Blue）。调整 RGB 曲线会同时调整红、绿、蓝三个颜色通道。调节曲线中的 RGB 通道，就是调节红、绿、蓝三种颜色的像素点多少。将曲线 RGB 通道向上调整，图片亮度会增加，但是饱和度会降低；将其向下调整，图片亮度会降低，但饱和度会提升。曲线的"S"形越明显，对比度就越高，如图 1-29 所示。

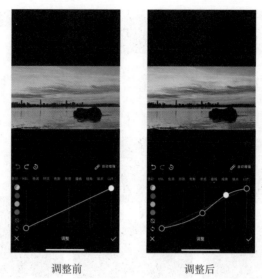

调整前　　　　　　　　调整后

图 1-29

• 滤镜。很多调色软件里还包含滤镜，这些滤镜设置了固定参数，能让我们快捷调整画面或视频的色调。图 1-30 展示了添加滤镜前后的画面对比，原视频画面较暗，加了"滤镜 1"后画面色彩更浓郁，饱和度提高，加了"滤镜 2"后画面变得更柔和。不同的滤镜有不同的风格，需要根据拍摄主题和画面效果来选择。

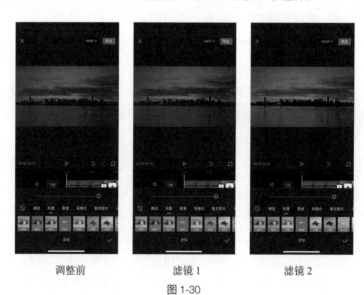

调整前　　　　　　滤镜 1　　　　　　滤镜 2

图 1-30

4. 怎样用好音频，为短视频加分

音频配合好短视频的节奏，往往能给短视频加分。

• **分割音频**。抖音短视频大都很短，在 30 秒以内，所以内容节奏非常快，音频节奏也就必须快，多余的、不重要的音频就得删掉。以"剪映"App 为例，分割音频方法如下（见图 1-31）。

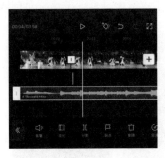

找分割处　　　　　　　　　选中待删除音频

图 1-31

第一步：播放音频，找出需要分割的音频范围，点击"分割"。

第二步：选中分割起点与终点间的音频片段，点击"删除"。

• **增加音效**。音效有不同类型，比如笑声、BGM、环境声、综艺声、乐器声、人声等。特殊音效可以让短视频内容更生动、有趣。以"剪映"App 为例，增加音效的方法如图 1-32 所示。

点击音频分割处　　　　　选择音效类型　　　　　添加音效

图 1-32

第一步：点击音频分割处，选择"音效"。

第二步：找到需要的音效类型，点击"使用"。

第三步：已选择的音效会显示在对应视频片段下方，点击它，可以更换或删除该音效。

5. 小字幕，大作用

字幕比较直观，可以补充或突出一些信息，增强视频的表现力。以"剪映"App为例，增加字幕的方法如下（见图1-33）。

- 播放视频，找到需要添加字幕处，点击"文本"。
- 选择"新建文本"，输入文字。拖动橙色矩形框，调整字幕时间和时长。
- 在视频画面中，调整字幕的位置和大小。选中字幕，调整字幕样式等。

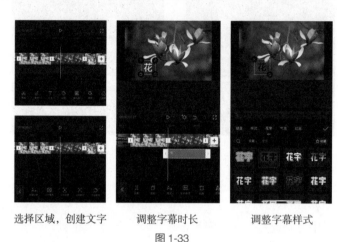

选择区域，创建文字　　　调整字幕时长　　　调整字幕样式

图1-33

6. 用对转场，让观众挪不开眼

转场是连接视频片段的桥梁，能够增强视频的效果。转场有两种：一种是实景转场，以实际拍摄的素材作为"桥梁"；另一种是转场效果，通过特效实现转场，比如淡入淡出、翻转、镜头推近或拉远等。以"剪映"App为例，增加转场效果的方法如下（见图1-34）。

点击分割处　　　　　　选择转场效果

图1-34

• 浏览视频，在需要添加转场处停留，点击"剪辑"，选择"分割"。或者，在软件智能识别的分割处，点击分割图标。

• 在跳出的转场界面，选择转场类型。可反复预览，以挑选出比较理想的转场效果。

七 复盘优化：数据在手，方向我有

透过数据看数据，看到的只是表象。透过数据看内容逻辑，才看对了方法。数据是引导创作和运营的方向盘。

（一）内容好不好，完播率告诉你

完播率反映用户对短视频内容的认可和接受，爆款短视频的播放时长一般可以达到总时长的 30%。如果这项指标达不到 30%，那么问题可能出在开头或结构上：短视频开头不够吸引人，内容结构需要优化。

创作者可以通过"创作者中心"查看短视频的"播放时长分布"，如图 1-35 所示。红线是创作者的作品数据，蓝线是同时长热门作品数据。红线接近蓝线，说明创作者的内容结构设计是好的，反之则存在问题。

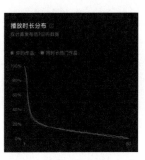

图 1-35

视频前 3 秒的内容尤其重要，如果这个时间区间内你的作品数据与热门视频数据有较大落差，那么前 3 秒的设计需要调整。视频较长的情况下（超过 60 秒），需重点关注视频前 10% 的观众留存情况。

原因自查：开篇文案不够吸引人，缺少爆点；画面效果不好；开头节奏太慢。可以结合完播观众画像进行内容优化，优化方向如下。

• 减少不必要的语气助词和内容陈述。

• 从色彩、构图、布景、模特形象等各方面优化画面效果。

• 视频黄金 3 秒抢占注意力，视频整体时长尽量控制在 15 秒左右。超过 25 秒的视频，如果内容不够有吸引力，很容易被用户划走。为了压缩时间，可以用快进、混剪的方法。

如果在前 3 秒（或前 10%）的自然滑落后，视频后半段又出现了曲线骤然滑落的情况，则滑落处可能存在问题，原因包括但不限于：内容衔接不够紧密，话题提前

结束；观众不接受你的观点；广告植入引起观众不满等。运营者需要有针对性地进行优化。

（二）互动引导够不够，转赞评里有答案

1. 转发率

转发反映用户对内容的认可或共鸣，被转发的短视频通常具有社交货币属性：有用、有趣或有共鸣。转发率越高，短视频作品的流量端口就越多，浏览量就可能越大。一般而言，转发率达到 0.5% 比较理想。转发率的计算方法如下。

$$转发率 = 转发数 \div 播放量$$

提高转发率，要做好内容，具体来说包括以下 3 个方面。

- 内容有价值，让人学到知识或技巧。可以在短视频开头暗示短视频的价值。

如：接下来我会分享 3 个实战技巧，帮你顺利度过新手期。

- 内容有趣，让人收获快乐。

如：达人自嘲、"自黑"；内容上，先抑后扬或先扬后抑，前后形成强烈反差。

- 内容有共情点，引发共鸣和联想。可以多用金句强化感染力。

如：书是平民的奢侈品。对不起，孩子，你的父亲买不起很贵的学区房，但他可以给你买足够的书陪你看。

2. 点赞率

点赞反映用户对内容的认可或共鸣。高赞短视频通常至少具有其中一点特质：好看、有用、有趣、好哭。点赞率达到 3% 以上比较好，计算方法如下。

$$点赞率 = 点赞数 \div 播放量$$

运营者可以借助互动曲线（见图 1-36）来观察和自查，并在后台查看"点赞分析"，观看用户是因为哪个触发点而点赞，同时记住这个点赞动机。

"点赞分析"曲线如果呈波浪形，每一个"波浪尖"（见图 1-36 中圈出的地方）都表明一个观众点赞的触发点。不妨找出这些点触发了用户点赞行为的动机，将它们总结出来。不断总结，就能摸清观众的喜好。

反之，如果点赞量不太理想，曲线较平，那么你设计的触发点可能并没有投观众所好，要在"好

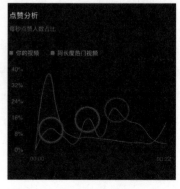

图 1-36

看""有用""有趣"或"好哭"方面"加料"。

点赞率提升方法如下。

• **触发情绪**。比如：视频开头设置悬念、配合音乐调动情绪、让有观众缘的达人出镜、带入用户身份说贴心话、使用特效增强视频表现力等。

• **提供内容价值**。比如：开头直接展示成果、内容上输出实用干货、以稀缺内容换点赞、强调利益等。

• **主动引导点赞行为**。比如：在画面、文案、脚本中植入引导语。

如：觉得这条视频有用的点个赞，更多干货下期放送。

3. 评论率

评论反映短视频是否撬动了用户的思考。多评视频通常至少具有其中一点特质：独特观点激发讨论，不同观点导致人们各自站队，正确观点（符合用户心理预期）引发群体认同。评论率达到1%比较理想，计算方法如下。

$$评论率 = 评论数 \div 播放量$$

评论率提升方法如下。

• 在发布文案中设置互动问题，引导用户留言。（注意：广告痕迹不要过于明显，以免破坏互动氛围。）

如：还有哪些不懂的，评论区有问必答哦！

• 在评论中设置互动问题，引导用户留言。

如：模特今天的搭配你给几分？

• 第一时间与用户互动，顺着用户思路提炼话题，引导更多用户加入。评论与账号人设保持一致，不要反复评论同一条视频或同一条评论，以免引发反感。

如：粉丝评论说"前几天一冲动买了一套房"，达人回复"真厉害，我冲动最多往泡面里加根香肠"。

• 置顶精彩评论，有效激发更多用户互动。

• 让好友用有趣评论抢占留言区"沙发"，从而引发更多观众留言互动。

• 通过奖励吸引用户互动。奖励可以是物质奖励，比如小礼品，也可以是精神奖励，如许诺下一期为用户推出其期待的话题内容等。

（三）账号人设的魅力，就看涨粉率

转化数据主要看涨粉率。当然，带货短视频的转化情况也会通过成交情况反映出来。涨粉率达到 1% 比较理想，计算方法如下。

$$涨粉率 = 涨粉数 \div 播放量$$

怎么提高短视频的涨粉率呢？前提是做好内容，还可以通过直接提示来引导观众关注。

• 在短视频结尾或文案中展现自己的价值。

如：关注我，每天学 1 个抖音运营干货。

• 组织抽奖活动，设置条件为点赞、收藏并关注自己的用户。

• 强化人设吸引，高质量持续输出内容。短视频内容与人设方向高度垂直，控制出圈话题频率。

• 主动发起活动。可主动发起挑战活动、创意征集活动、剧情续写活动等。这些活动不仅充满趣味性，还有强烈的代入感，可以在很大程度上满足用户的好奇心，更能引发用户的关注，提升其参与感。用户想了解什么职场知识，喜欢什么类型的职场穿搭……鼓励用户说出来，接着由你助用户实现这个小愿望。这样，黏粉指数将迅速攀高。

• 持续优化更新。尤其是运营到后期时，可以：适当增加新角色（根据用户反馈判断新增角色是否合适或应该怎么优化）；丰富剧情和人物关系，增加人物冲突，让作品更好看；投放侧先广撒网，再精细分析人群，筛选出"漏网之鱼"，从而扩大粉丝群。

第二章

吸睛文案如何炼成

短视频一半拼演技，一半拼文案。如果说演技是加分项，那文案就是基本功。随便点开一条爆款短视频，里面总有一两句文案戳到你。

爆款文案的秘诀究竟在哪里？

短视频文案的底层逻辑

把一篇高考满分作文作为文案素材拍成短视频，在抖音平台能不能火？

肯定不能。为什么？

用户主要在碎片时间"刷"抖音，一点开就希望看到好玩或有用的内容，谁有时间和耐心看那么多铺排和转合？优秀短视频文案总是试图用最少的话表达最有吸引力的内容。

想出爆款，你的短视频文案就必须在很短的时间内为用户提供有层次的内容，让用户顺着文案搭建的"滑梯"，兴致盎然地看到最后，还有所收获。

（一）先有期待，才有观看

在短视频的开头，通过文案埋下一个因子，让用户建立期待。这个期待是吸引用户持续观看的一块磁石。

吸引维度有悬念、焦虑、向往、心结、内幕等，如表2-1所示。

表2-1

吸引维度	分析	示例
悬念	抛出一个话题或者揭示某个结果，暗示内容很重要，但故意不说完，吸引用户继续往下看	按照这个方法，高效链接优质人脉 别"吐槽"，我接下来讲的东西很重要 职场新人，千万别犯这些错
焦虑	放大后果，让焦虑的用户主动留意后续的解决办法	再不做抖音，汤都喝不着了 致职场新人：犯了这3个错，谁都救不了你
向往	让用户看到起点和终点的强烈对比，自动代入，觉得自己也可能做到，充满希望地往下看	粉丝从500到15万，我只做对了一件事 0成本撬动自然流量，我是怎么做到的 从机械专业到创业开公司、孵化网红，我是怎么做到的
心结	提出一个尖锐问题，指出用户存在的毛病，击中用户心结，然后循循善诱	为什么别人轻松赚钱，你拼命努力还是不够花 为什么别人二次创新出爆款，你连抄都不会
内幕	以知情人、内行口吻揭露行业、群体内幕，吸引好奇的"吃瓜群众"，让其看到：①想知道但不够了解的内容，②完全不知道但可能感兴趣的内容	你以为卖书真的挣钱吗 培养一名优秀主播，我们付出了多少成本 哈佛大学75年研究成果：幸福的人都有一个共同点

（二）构建场景，引发用户代入感

场景充满趣味性，并且鲜活可感。构建场景能让用户产生更多代入感。可从时间、地点、人群、任务、过程这些角度出发构建场景，如表 2-2 所示。

表 2-2

场景维度	分析	示例
时间	圈定某个时间点（早、中、晚，四季，上、下班等），描述该时间点对应的典型场景	每天早晨起床，你是不是发现保温杯里的水已经凉了
地点	圈定某个地点，引发好奇、兴趣、向往等。元素：不为人知、美丽、最……的地方，或用户熟悉的地方等	我身后就是哈尔滨最著名的拍照圣地……
人群	精确圈定画像群体，让用户有共鸣。元素：性别、年龄、地域、工作、兴趣标签等	难道胖就不能穿得美吗？你是已经习惯了自嘲，还是想改变一下自己
任务	明确行动目的，让用户有体验感、陪伴感或参与感	这款防晒衫的防晒能力究竟有多强？我倒是想测试一下
过程	展现体验过程，让用户心生向往。元素：氛围（环境）、道具、相关行为动作	真的太好用了，使用效果比大牌产品都强，毛孔全都遮住了

（三）价值升华，加深认同感

一般用在结尾处。提炼金句，把整篇短视频文案的核心观点加以升华，让用户产生更高、更深的认同，并产生点赞、评论等互动行为，如表 2-3 所示。

表 2-3

价值维度	分析	示例
总结观点	提炼总结短视频的核心观点，有启发性，传递价值	资本和科技结合，资本和人才结合，这个城市就会爆发性增长
做出判断	对短视频中的现象、问题等给出判断，表明态度，激发观众认同感	千万别小看你们公司的"00 后"，他们是职场之光
深度共情	用金句总结短视频中引发共鸣的内容（情绪、观点等），引导用户二次共鸣	母亲节，爱妈妈也爱自己
引导互动	总结核心观点后，引导用户进一步讨论，激发用户提出更多元、有启发性的观点	还有哪些好玩的方法？评论区见

建立期待、构建场景、价值升华，这 3 步合起来就构成了一篇完整的短视频文案框架。每一步都做到对用户有所引导，这样的文案合在一起，就会像磁铁一样吸住用户。

引人点击的 10 种精彩开头

文案开头包含了短视频至关重要的"黄金 3 秒"，一定要有看点。怎么写开头更有吸引力？这 10 种开头方法教给你。

（一）悬念吸引

运用结果前置的方法，把短视频中最精彩、最吸引人、最有戏剧性、最有冲击力的内容放在开头，在几秒钟的时间内吸引用户。之后再从头开始讲述发生了什么。

经典案例

我摊上事儿了！

文案分析

文案开头寥寥 6 个字，营造了一种紧张感，配合灰色背景和人物严肃的表情，立刻抓住了用户。

经典句式

（1）我最担心的事情最后还是发生了。

（2）我碰到……

（3）原来我一直都弄错了……

（4）95% 的人都错了……

文案公式

> 结果前置（制造画面）+ 讲好故事 +（反转）+
>
> 给出观念 / 输出价值 / 引导号召

（二）直击痛点

强调甚至扩大某事的后果，用户在焦虑的情绪中需要帮助，这时你顺势给出解决方案。

经典案例

最近的流量是不是下滑很严重？

其实不光是新博主，老博主的压力也很大。现在线上跟线下差不多了，客户就那么多，大家都在你争我抢。另外，内容太多了，内卷太严重，有时候你的作品没有流量，很大因素是内容太多导致的。如果你现在开始做短视频，还拿去年那套方法，<u>基本上是成不了的</u>。躺在以前粉丝体量上的老博主，<u>其实更痛苦</u>，因为<u>他跟我们是一样的</u>，没什么流量。这时候你要么转型，要么内容升级，要么打造差异化的账号。

文案分析

这段文案先抛出"流量下滑"的问题，让有类似困惑的用户停留观看。接着，指出问题的普遍性（"老博主的压力也很大"）。然后，循循善诱，抛出原因一（存量竞争）、原因二（作品太多）。最后，给出解决方案（转型、升级或差异化）。文案环环相扣，节奏紧密，用户往往会一口气看完。

经典句式

（1）你知道你为什么很努力也（成不了事）……吗？因为（方法错了）……

（2）很多人已经（成功）……，你却（什么都没干）……

（3）最近……是不是越来越（不好了）……？

（4）我发现 A 和 B 的差异其实源自……

文案公式

抛出问题＋问题的普遍性 / 严重程度举例＋共情＋原因分析＋解决方案

（三）简单速成

先描述达成某件事后的美好场景，然后指出要实现并不难，并给出达成这件事的具体方法。

经典案例

<u>怎么能一开口说话就深入人心呢？用好这 4 招，轻松成为驾驭人性的高手</u>。这视频绝对值得你点赞、收藏。想让自己说的每句话都管用，一定要反复细品这 4 招。尤其是最后两招，连拒绝人、回"怼"人都能让人服服帖帖。

文案分析

文案一开始就列举了一连串令人向往的结果——"一开口说话就深入人心""成为驾驭人性的高手""让自己说的每句话都管用""连拒绝人、回'怼'人都能让人服服帖帖"。这种高密度的关键词植入充分描绘了一个令人憧憬的结果，会让用户满怀期待，难以划开而愿意耐心看完。

经典句式

（1）怎么一……就……

（2）学好/用好这几招，轻松搞定/你也可以……

（3）不会……不要紧，这样做就能……

（4）谁用谁好/火/漂亮/轻松/得高分……

（5）不用……也能做的……

（6）3分钟轻松搞定……

文案公式

美梦成真＋降低难度＋我有方法＋互动引导

（四）正话反说

开场就大胆"怼"人，或者正话反说，戳中用户痛处。然后进行有理有据的分析，给出解决方案或正确做法，适当佐以共情，增加一些温暖。

案例1

不会夸人，并不代表你高雅，而是代表你完全不通人性。说白了，就是被宠坏了，只会是别人夸你，而你从不夸别人。下面请你们大声回答我：人在社会上是太大还是太渺小？（小）所以我们都想要还是都想给？（要）

文案分析

文案第一句，先给出了批评，制造了冲突。接下来进一步"连环怼"人，指出不会夸人的人问题在哪里。这样的文案开头有点咄咄逼人的意味，但是后面通过有条理的分析可以让用户心服口服，消解对立冲突后，用户反而会产生更深的认同。

案例2

今天教你们如何亲手毁掉孩子的专注力。

你想毁掉孩子的专注力，你就围着他转，帮他穿衣服，帮他系鞋带，帮他整理书包。他写作业的时候，你就坐在旁边，一直不停地跟他说："你这道题做错了。你这个字写得不对。你这个姿势错了。"不停地打断他。很多家长不知道，孩子的专注力不好，都是家长亲手造成的。

文案分析

这段文案开头采用了正话反说的方法，拎出几种常见的错误家庭教育场景，其中的每一个场景都能让大量家长对号入座。听着这样的反话,家长们会越来越如坐针毡,担心自己用错误的方法误导孩子。

经典句式

（1）有的人不是（不知道）……，而是（装糊涂）……

（2）我发现很多人是这样……的，错！

（3）如果你（克服不了／无法解决）……你肯定……你那点小脆弱,还想做……？

（4）但凡是个（用户想取悦或靠近的人）……，都不会喜欢／欣赏／录用／真心对待这么（不思进取）……的……

（5）大家都……如果你还不知道（还没做），那就真的落后了。

文案公式

公式1　制造冲突＋批评到底＋具体分析＋给出答案

公式2　正话反说＋场景列举＋具体分析＋共情＋方法引导／经验总结

（注：公式2也适用于想夸奖某人或推荐某个产品却先"抹黑"的情况，效果也比较好，但文案的尺度要把握好。）

（五）问题引导

丢出一个问题，"炸"开用户心智。你可以借助一个相当有说服力的身份、立场、职业背景，揭示某些用户不知道但感兴趣，或者知道但不够了解的事，引发持续好奇。

经典案例

（1）"老板，<u>为什么你招一个做 Office 的愿意给 1 万块钱呢？</u>"

（2）二维码会不会被用完？

文案分析

案例（1)用一个问题带出了很多人对成天与 Office 打交道职员工作价值的偏见（用户知道但不够了解的事，与固有认知有一定反差）；案例（2）提出的问题很有趣味性（用户不知道但感兴趣）。这两种问题都能有效吸引关注。

经典句式

（1）你知道／真的以为／真的看懂了……吗？

（2）如何／怎么……

（3）如果……你会怎么样？

（4）为什么……

（5）你是不是和我一样，想……又不知道该怎么办？

文案公式

> 抛出问题＋细节分析＋揭示答案＋（主题升华）＋互动引导

（六）戏剧场景

通过表演一个很有戏剧性的场景，或者讲述还原一个戏剧性的场景，引发用户观看欲望。

经典案例

> 他是老板的表哥，又在上班时间看《奥特曼》。哼！很闲哦！

文案分析

视频一开始，就通过一句话交代了人物、时间、场景和戏剧冲突。人物是表哥，时间是上班期间，场景是电脑桌前，戏剧冲突是表哥上班时偷偷看《奥特曼》。这样一来，整个短视频的故事性、戏剧性就很充足了，很能吊起"吃瓜群众"的胃口。接下来，两位短视频主角的较劲也就顺理成章了。

经典句式

（1）……是一种什么样的体验？

（2）（多人对话开场）人物一：……人物二：……

（3）马上就到（节假日／活动／地点）……

文案公式

> 一句话场景描述＋细节描述＋内容植入（产品／活动／主要剧情）＋呼应开头

（七）对比反差

用数字或事件对比制造强烈反差，让用户产生"好厉害""好励志""究竟是怎么做到的"等认知，再植入你的观念、看法、产品等。

1. 数字对比

在一两句话里用多个数字展示关键信息，制造一种夸张、醒目的效果，一下子就能吸引用户注意。

（1）发现了一个有意思的账号：<u>1 个月更新了 24 条作品，涨了 100 多万粉</u>。

（2）<u>月薪 5000 元和月薪 50000 元</u>的人，<u>差距究竟在哪里</u>？

案例（1）中，1 个月（时间短）、24 条作品（作品少）与 100 多万粉（巨大粉丝量）形成鲜明对比；案例（2）中，月薪 5000 元和月薪 50000 元形成对比。这样的数字对比开头能给看到短视频的用户带来比较大的冲击，从而为后面的细节分析积累用户关注度。

2. 事件对比

对比同一处境下的不同人或事，不同处境下的不同人或事，同一人或事的以前和现在等制造反差。

（1）减脂期也可以吃的零食……

（2）不瞒大家说，我以前是一个很自卑的人，现在却能自信演讲。

（3）先跟大家道个歉，前几天我打假的那套化妆品，价格说错了。当时估计成本最多 80 元，价格搞错了，我不能无端评测人家的价格，真实成本其实是 20 元左右。

（4）有活动的时候你不买，没活动的时候你嫌贵。

（1）为什么同样是做……，有的人……有的人……

（2）……后来怎样了？

（3）没有……的人，照样 / 反而……

（4）那些……的人，其实并不……

（5）……和……，差距究竟在哪里？

（6）短短（1 个月 /3 天）……就（涨粉 10 万）……

（7）成为……前……；成为……后……

数字 / 事件对比 + 主题看点 + 降低难度 + 号召鼓励

（八）大事宣告

以一种刚知道重大新闻、重要内情的姿态，以知情人、知己、权威中立报道口吻叙述某件事，让用户觉得这件事很重要，不听会遗憾，不听就亏了，不听就跟不上时代了。

经典案例

（1）抖音又出新功能了，目前知道的人还不多（功能还在内测中），我也是刚刚才知道的，就赶紧录视频告诉大家了。

（2）美股又暴跌，蒸发14万亿美元！×××身家一夜缩水×××亿美元。

文案分析

案例（1）以互联网大咖口吻分析功能内测消息，能激发用户好奇心，关注内容；案例（2）以权威中立报道口吻分享美股暴跌的消息，树立信任感的同时带出主题，不拖泥带水，有效留住用户。

经典句式

（1）……又（出大事/政策/新闻/翻车）了。

（2）刚刚得知……

（3）事情很重要，建议先保存再观看。

（4）最近发现……大家一定要……

（5）不知道你们知道这件事是什么感受，当我知道的时候……

（6）太可怕了/太好了！我刚知道这个消息就赶紧告诉大家了。

（7）接下来我要说的内容非常重要……

文案公式

一句话揭露＋事件解释＋细节描述＋总结结论

（九）盘点总结

用一个核心主题串连起相关知识，让用户在打开短视频的前几秒就形成明确认知：我马上会从这条短视频中得到什么。

经典案例

为什么很多短视频创业者会半途而废？多半是因为心态崩了。我总结了最容易让新手放弃的3个原因……

文案分析

案例先抛出一个问题引导用户思考，接着分条回答、归纳。这种开场方式条理清晰，主要以内容价值吸引用户，用户看后有获得感。

经典句式

（1）做好……只因为……

（2）从（小白）……到（高手）……

（3）……大盘点。

（4）自从 / 做好……就 / 再也不用 / 从此告别……

（5）做……最重要 / 核心的 5 点……

（6）……不会告诉你的（那些事）……

（7）……必须知道的事。

（8）做……确实有技巧，让我毫无保留地告诉你，我是如何（成功）……的。第一点……第二点……

（9）我不允许你还没有 / 还不知道……

文案公式

主题揭示 + 分条陈述 + 金句总结 + 互动引导

（十）良心劝告

用坚定、权威、专业、不容置疑的口吻指出某件事或某个问题，带给用户启发，打造自身专家人设。

经典案例

如果你不想自己的孩子将来成为软柿子，被别人欺负，你要做到以下 3 点。

文案分析

出镜达人先抛出一个负面后果，并配合捏柿子的手势和担忧的眼神强化这种后果，引出了一个令人揪心的问题，接着明确指出做到哪 3 点可避免这个后果。

经典句式

（1）千万别……否则……

（2）一定要……你将……

（3）原来……都是（错的 / 假的 / 没用的）……

（4）看了……才明白……

（5）专业人士 / 业内人士怎么看待……

（6）为什么……一定会／能（亏损／赚钱）……

（7）这个时代最有价值的不是……不是……而是……

（8）这些智商税，你中了几个？

（9）如果你不希望（坏的结果）成真，你应该……

文案公式

主题揭示＋细节分析＋解决方案＋引导互动

 ## 爆品短视频文案七大招

接下来，咱们再学习 7 种招数，顺利"种草"促转化。

（一）场景效果

1. 强调痛点场景

强调用户不愿意见到但又往往难以避免的痛点，通过短视频演绎放大，再放出产品，营造一种盖世英雄踏着七彩祥云来解救众生的感觉。

示例

"哎，小东，新产品设计进度咋样了？"

"放心吧，有 50 多个设计师分工在做。"

"啊，那你汇总一下呗，10 分钟后给我看啊。"

"10 分钟？？"

（画面：设计师们集体"抓狂"，把设计纸扔得办公室都是；抱头作头痛状；抓头发……）

当面对复杂设计方案时，协调进度、修改对齐，设计师的宿命就是消耗和低效吗？

——不会呀，我们不是有 MasterGo 吗，这不就是动动鼠标的事儿吗？

文案分析

这条短视频中拎出了大型项目中短时间内协调众多设计师进度难、文件修改难的痛点，通过夸张的演绎（扔设计纸、抓头发、抱头等）营造了一种灾难性场面，也因此主角（产品）的登场显得极其隆重、权威。

2. 前后对比，展示效果

通过使用前后对比，让用户直观看到效果，如表 2-4 所示。相信我，看到的永远比听来的更富有真实感。

表 2-4

示例	使用前	使用后
文案 1	你经历过绝望吗？2000 多的椰子鞋没穿几次，刷不干净，看着跟地摊货似的	后来闺蜜给我推荐了这个，泡进去静置十来分钟，然后拿出来简单过一遍水。网面的脏东西真的都不见了，黑印子也消失了。
文案 2	我们家之前用的是翻板式下水器，用一段时间就容易发紧	现在好了，旧换新不过 2 秒的事。弹跳下水器天生就不会有发紧问题，还能拦截头发丝，随时可以拔出来清理。终于不用蹲着疏通下水管道了

（二）核心卖点

1. 提炼核心卖点

从品质、感官体验、创新、包装设计、服务、资质、社交属性、价值共鸣、稀缺、价格、附加值等维度提炼卖点，形成文案，如表 2-5 所示。

表 2-5

卖点维度	示例
品质	原料、成分、质地、产地、属性、功效、工艺、特殊功能等，如：原料来自吐鲁番盆地
感官体验	视觉效果、触感、口感、听感、气味等，如：口感丝滑，入口即化
创新	展示产品的创新点，如：石墨烯自发热材质
包装设计	外观、款型、花纹、搭配、色彩、明星同款等，如：黑瓶避光
服务	打消售后疑虑，如：赠送运费险
资质	展示有证据可证的资质图片，如：厂房真实照片、权威证书
社交属性	展示产品的强社交属性，如：节日送礼，送闺蜜、送父母等
价值共鸣	提升价值共鸣，如：支持国货、助农扶贫、文化传承等
稀缺	展示稀缺性，激发消费冲动，如：限量款、限时抢购等
价格	展示价格优势，如：直降 ×××元
附加值	展示赠品的价值，如：附赠课程，社群交流答疑，拍一发三等

注意，不是所有卖点都要在一篇文案里呈现，一篇文案重点突出几个核心卖点就

可以了。

2.非常规方式满足猎奇心

以常规方式带出卖点的好处是直接，但要想形成爆款，最好有几句不走寻常路的文案，用夸张的方式展示卖点。这类文案有趣展现卖点的同时，广告味也没那么浓，多尝试会有惊喜。

> 示例

"这把剃须刀，号称可以把猕猴桃刮干净。我测试了一下，结果竟然是真的。"

"这件衣服弹力多大？可以塞两个人。"

（三）促销力度

1.说折扣

> 示例

（1）1折大促。

（2）直接5折。

（3）算下来约等于日常价的3折。

2.展示前后价格对比

> 示例

（1）日常价799元，大家不信可以自己去查，现在500元都不到。

（2）活动结束后直接回到1299元，现在买能省钱！

3.说福利

赠送的增值服务、礼包等。可以使用"堆叠＋数字"法，把所有的赠品一一罗列，配合"加一个""又送""还送"等词，营造赠品极其丰富的感觉。

> 示例

（1）买一送三。（常规）

（2）送一包500ml的×××，送一袋价值69元的×××，还送1个女生日常必用的×××，最后主播再贴一个现在很火的×××给大家。（堆叠＋数字）

（四）感叹句式

通过感叹祈祷句等，增强感染力。

示例

（1）你还不快点用起来？！

（2）你还在用……吗？！不好的直接给我扔了！

（3）姐妹们，赶紧给我冲！

（4）穿成这样，谁还敢叫你阿姨？！

（5）搭配这一身，立马显瘦20斤！

（五）数字表达

通过数字的运用和对比，凸显性能、性价比等。

示例

（1）3秒搞定。（强调功效）

（2）这么好用，价格才不到10块钱。（强调价格）

（3）平均算下来，每天不到1块钱。（强调极致性价比）

（4）原来97%的人受×××困扰，相当于你身边的大部分朋友有这个问题。（强调普遍性，引起重视）

（六）强调稀缺

1.限时

示例

活动就3天。

2.限量

示例

最后一批货，卖完就没了。

加钱也拿不到这么好的货了。

3.限价

示例

活动结束，价格将恢复1199元，现在买可以节省将近300块钱。省下来的钱够你给孩子再买二三十本书了。

（七）拆箱讲解

拆包装永远具有吸引力！别问为什么，用户就是会好奇包装里有什么，也愿意跟着达人一样样看过来。

拆箱讲解公式如下。

拆包装 + 产品展示 + 使用展示

• **拆包装文案**。展示喜悦、迫不及待或者不耐烦、不相信（后面再反转）情绪，营造氛围。

• **产品展示文案**。分条列出、口语化，用户视角描述主观感受。

• **使用展示文案**。文案配合画面，描述使用后、体验后感受。

具体示例如表 2-6 所示。

表 2-6

拆包装	产品展示	使用展示
我买的超可爱粉扑到了，真的跟薯片包装一模一样，好可爱！	它一盒里面有 5 个哎，好齐全哦！水滴形的粉扑干用湿用都行，当气垫粉扑也不错。这个是一个植绒的……（分别介绍）	你看我抹了那么多，晕开也还是挺好的

四 "高赞"品宣文案怎么写

品宣≠硬广，至少在抖音，你不能把品宣做成硬广。抖音算法一直在优化，其中一个方向就是不给或限制硬广推流。

怎么办？

你的品宣文案要通过趣味性吸引用户，通过情感性渗透用户，从而为品牌和产品赢得更多曝光和用户好感。

（一）品牌故事：彰显调性

品牌故事不必刻意追求营销点直露，而更侧重隐性带出品牌信息，重头戏在于彰显品牌调性。以碧桂园某条短视频文案为例（见表2-7），看看效果。

表2-7

场景	文案	画面	分析
场景A1	"周末快乐！" "你要去哪？" "回趟家！"	两女趴在栏杆上望向夕阳，一女道别	以周五下班的场景作为开头，**引出"回家"主题**。对话式"黄金3秒"，故事性强，吸引用户观看
	你，为什么回家？	海港远景	**主题句第一次出现**，开始铺垫故事。
场景A2	"老刘回来啦？" "对啊，回来过中秋。"	码头，朋友间对话。一对工人夫妻笑容满面骑车归来	以用户熟悉的"回家"场景激发用户情绪
场景A3	"姐姐的孩子。我当小姨啦！"	鞋柜前，一女子举起一双童鞋放到柜台，准备买单	以"看望小侄女"情节激发用户情绪
场景A4	"可以啊，150平大三房。" "走了，我得给老两口搬家去了。"	一男青年向朋友展示自己刚买下的大房子	以乔迁换房、孝顺父母等激发用户情绪
场景A5	"婚假，10天！" "回来请大家吃喜糖啦！"	一男职员递交婚假申请，被领导和同事祝福。同事们欢呼、鼓掌	以请婚假场景，激发用户对婚姻、爱情的感受
	为什么回家？总有很多理由吧	海上，载着许多人的渡轮驶过。夕阳西下，鸟归巢	多个场景铺垫后，主题**"为什么回家"再次露出**，进一步加深。整个故事推进到新的阶段
场景B1	"别臭美啦，赶紧过来帮忙收拾吧。"	准新郎与准新娘一起收拾婚房	从请婚假到布置婚房，突出"幸福""婚姻"；幸福场景＋金句，有冲击力
	有些理由，一生只有一次	准新娘对镜比划婚纱，幸福洋溢	
场景B2	"我跟你爸从来没想过能住这么大的房子。"	儿子与父母视频聊天。父母感慨住进了大房子很幸福	父母对儿子买的大房子很满意（暗示品牌方房子好）；团聚场景＋金句，引发共情
	有些理由，从小到大就盼这一次	儿子幸福地笑	
场景B3	"一年就回这么一次。"	渡轮上的工人们聊回家	工人回家场景＋金句，表达一年只能回一次家，引发离家打拼者的共情
	有些，又无奈地限定了每一年的配额。所有离家打拼的人，都注定面临这样的考验	渡轮驶入港口	

续表

场景	文案	画面	分析
场景 B3	你为什么回家	有人骑车回家，有人刚下高铁，有人匆匆走路回家	**再次出现主题句**，结束第二段。故事进入第三阶段
场景 C	……	（画面顺次出现）团聚的家人举杯；一家人照全家福；带礼物回家的妹妹冲到姐姐面前，听姐姐讲述生产过程；新婚夫妇看着白发的父母；帮爸妈搬家的儿子看到旧钢琴，想起小时候……	高密度场景转换，让前面铺垫的每一个场景都落脚到"团聚""亲情""爱情"主题，**合奏出最强音**，通过细节刻画引导用户情绪进一步释放
场景 C	原本以为回家需要一个理由，后来才发现，家，就是千万个理由	前述场景中人们团聚的画面	高密度的场景铺垫后，推出金句，**呼应主题**，回应"家就是千万个理由"，视频主体部分结束
	愿每一次回家，都不必再问为什么		
场景 C+1	"哎，你怎么回来了？突然袭击，猜你是被老板炒鱿鱼了。跟男朋友吵架了？你爸爸生日可是下个月啊，你不会出什么事了吧？"	面对突然回家的女儿，母亲担心地询问女儿怎么突然回家。女儿嬉笑着，躺在椅上，很自在的样子	前面回应了"为什么回家"，新增彩蛋内容呼吁年轻人"没事也可以回家"，进一步**升华主旨，增加短视频情感浓度**
	"哎呀，没什么事儿，就不能回家吗？"		
一	家＋在一起，家圆团圆	（字幕）	呼应主题，在前面的**层层铺垫下，品牌直露**，营销效果翻倍
	家圆，团圆，碧桂园		

这则案例中，短视频大致可以分为 3+1 个段落。

第一段：场景铺垫，建立故事框架。

第二段：场景＋金句，增强共情力。

第三段：密集转换场景，让每个故事都落脚到主题"家是千万个理由"。

第四段：单一场景，升华主旨，品牌露出。

每个段落间，以主题句"你为什么回家"分隔，故事层层递进，音乐、字幕、画面、文案相互配合，达到了很好的情感渗透效果。结尾部分，品牌直露，"家圆，团圆，碧桂园"概念深入人心。

（二）团队领导人故事：传递情怀

团队领导人故事具有较高可信度，并且以某具体领导的个人口吻讲述，容易让用户产生代入感。团队领导人故事文案通常比较简单，主要作用在于传递情怀、展示关爱等。用户看多了一本正经的领导形象，如果文案中能加入一些幽默因素、"梗"，能获得不错的传播效果。团队领导人故事大致有以下这些类型。

- 我的初心。（共情）
- 我的一天。（树人设、吸引粉丝）
- 我最骄傲（推荐）的产品合集。（为产品背书、秀实力）
- 管理现场。（树人设、侧面秀实力）
- 网友问答。（互动"吸粉""黏粉"）

下面分析一篇短小的董事长"监工"短视频文案（见表2-8）。

表 2-8

场景	文案	分析
鸿星尔克董事长吴荣照进入车间	听说《银魂》联名款已经炒上天了，实力宠"鸿粉"的"小吴同学"必须主持价格正义	交代原因、背景，回应网友关切的产品断货、溢价问题，打造亲民、"宠粉"人设
工人制鞋流水线	缝纫机在加班加点忙碌	展示整齐、井然有序的生产流程（加班加点为用户赶工）、整洁干净的生产环境（品牌可靠），回应网友的催货问题
产品特写	你们看看量还够吗	产品直露、镜头特写增加曝光，加大产品传播度，吸引潜在用户
吴荣照检查运动鞋质量	在生产线给大家监工，保质保量出货	再次回应网友，表明赶工的同时不会降低质量，树立负责人品牌形象
吴荣照离开鞋厂	任务完成，回去给"鸿粉"们交作业咯	"鸿粉""交作业"等词塑造亲切、接地气的领导形象

（三）员工故事：展示品牌精神

员工故事和品牌故事、领导人故事的重要不同在于，员工通常来自基层，用户容易自我代入，产生认同。员工故事天生自带群众基础。用户可以从员工的个人故事中感受到企业、品牌的精神。

肯德基2020年初一条讲述"90后"员工做志愿者的短视频获得了95万多个赞，文案内容如表2-9所示。

表2-9

场景/呈现形式	文案	分析
纯字幕（2003年，全世界守护"90后"；2020年，换"90后"守护世界）	—	对比句式有冲击力，数字对比吸引用户；与社会时事紧密关联，社会关注度高；特别时期，弘扬正能量
	"90后"员工志愿者在行动。从大年初二开始，他们忙碌着，为武汉一线医院无偿备餐	交代场景，进一步说明短视频内容
年轻志愿者的特写，报出自己的出生年	"九三年的。""九六年的。""九八年的。"	普通员工出镜，真挚、真实、有说服力
字幕（为什么要参加志愿者活动）+志愿者特写	"想做一点有意义的事情。"	员工自己来表达心意。在音乐的烘托下，员工质朴的回答很有感染力，侧面展现企业温度
	"看到朋友圈有医生在求助，刚好我们餐厅在招募。"（手语）	
	"我家里有个姐姐是护士，看到他们在医院很辛苦，然后觉得很心疼，想让武汉的护士们能吃上一口热乎的。"	
字幕（有什么话想对一线医护人员说）+志愿者特写	"加油，你们辛苦了！"	祈使句+感叹句，短小、有感染力
	"请你们一定保护好自己。"	
	"我们就是你们最坚强的后盾。"	
纯字幕（武汉加油，武汉必胜）	—	与用户深度共情，彰显企业回馈社会、关键时刻担责的态度

（四）产品宣传：让卖点场景化

1. 生产过程

通过描述工艺、科技、工具、环境、规模、员工构造生产场景，展现特色，增进用户信任。

下面以一个品牌方面对网友的不理解和质疑时，宣传产品的短视频为例（见表2-10）。

这条短视频全程以用户视角讲述，客观、有说服力。

在介绍产品时，聚焦折叠、抗摔的核心卖点，让用户对这款产品的折叠抗摔性能有比较深的印象。

表 2-10

场景	文案	分析
字幕	友友们，开会时千万不要随便提问啊	"千万别"：悬念吸引
办公室开会+漫画	今天大家聚在会议室里聊折叠屏，我不合时宜地提了一个问题：这个屏幕经得起折吗？没想到产品经理脸色突变，蹭地起身……	"我"的提问制造了一个戏剧冲突，让情节一下子变得紧张起来；用户视角提问，用户更有代入感
工厂+漫画	我作为一个外行，犹如在听天书。产品经理为了彻底打消我的疑虑，又拉我来到了工厂参观。我的天！……	细节描述，进一步增强吸引力；感叹句式，情绪表达更饱满
还原技术测试场景+漫画	技术人员看我满脸好奇，便给我挨个介绍各项测试。右侧键点击测试，要反复冲击 100 万次；微跌测试，经过 10 厘米、2.8 万次反复坠落……看来这质量确实够硬核	数字表达，提升吸引力和说服力；数字对比，强化冲击力拒绝艰涩术语，场景化描述让"小白"也听得懂
还原工程师测试场景+漫画	这时，过来了一个人，产品经理介绍说他是工程师。我一听就崇拜起来，迫不及待地……他会使手机定向跌落 1 米，不同角度，共跌落 16 次。我简直不敢相信！	增加工程师角色，强化说服力，做进一步的细节说明用"崇拜""迫不及待""不敢相信"作为情绪词，增强感染力用数字表达，有冲击力
漫画	友友们，这款手机的质量，这回我是真的服了	从质疑到服气，化解戏剧冲突，得出令人信服的结论

采用"真实场景+漫画补充"的形式，在保留视频真实性的同时，增加了趣味性，短视频更耐看。

2. 场景展示

在工厂、展厅、门店等，搭建产品介绍、价格分析、产品展示场景，增进用户的了解和信任。如表 2-11 所示。

表 2-11

场景	文案	分析
展厅	昨晚在格力展厅，董明珠对它们如数家珍	调用董明珠自身的超级 IP，以展厅形式集中展示优势产品
	我这么多年都在用我们自己的产品，嗯，我就喜欢用我们的零下 5 度不结冰的冰箱	现身说法+产品+核心卖点

续表

场景	文案	分析
展厅	我们开发出来的这些洗衣机，就是"铅笔不倒"。铅笔不倒，衣服洗好	趣味实验 + 产品 + 核心卖点
	格力油烟机的亮点就是没有油烟，6 年免清洗，换上这个以后我们家里的厨房门可以不用关了	产品 + 核心卖点 + 场景说明
	这是我们做的煲仔饭煲，就是煮锅巴饭的，比砂锅做的锅巴饭还要好	产品 + 核心卖点 + 对比
	这个就是我代言的 IH 饭煲。我代言，而且也是我平时用的	产品 + 超级 IP 自用款
	这是我们做的口罩，包得很好，而且不会很闷。这是疫情期间为满足民众需要做的，因为这时候企业最需要做什么？嗯，大家共同抗疫，大家重点关注一下	关联时事 + 社会责任 + 产品 + 卖点
	那在这个基础上，我们又开始开发病毒净化器，这一款是用来杀灭流感病毒、口足病病毒等的。我家里用的是这一款	产品 + 超级 IP 自用款

展厅集中介绍 + 优势产品 + 超级 IP+ 核心卖点 + 自用款，就构成了这些产品的传播符号。

3. 体验测评

还可以展现体验过程，让用户心生向往。展现公式如下。

氛围 / 环境 + 道具 + 行为动作

具体示例如表 2-12 所示。

表 2-12

场景	文案	分析
居家	我不允许你还没有一个抗摔耐踩的行李箱 小米青春版行李箱，来啦! 千万别眨眼哦	"我不允许你还没有"，双重否定，强化肯定表达 一句话完成过渡
从楼梯上踢下行李箱	Round 1	多轮"暴力"测试，非常规手段强势突出产品抗摔耐踩的特点 "暴力"测试过程具有趣味性，吸引用户、释放压力 用测试代替文字，通过视觉画面有效"种草"
再次从楼梯上踢下行李箱	Round 2	
达人在行李箱上乱踩	Round 3：完好无损	
达人坐在行李箱上滑行	—	

场景	文案	分析
居家	20寸的行李箱是可以带上飞机的，小巧轻便，适合一个人短途旅行。24寸的……大学生推荐用24寸及以上的行李箱	分场景推荐＋用途说明＋分人群推荐，定位精准用户
—	周六晚8点直播间见哦	为直播间引流，暗示产品有活动

4. 剧情植入

可以在剧情中植入产品信息和卖点，让观众在轻松或娱乐状态中接受产品，从而被"种草"，如表2-13所示。

表2-13

场景	文案	分析
儿子坐在新车里，很得意	买了新车，带爸妈来上海游玩	一句话交代故事背景（起）
儿子打电话，母亲念叨着父亲	离家打拼太久的我，突然发现爸爸的记性越来越不好	一句话埋下线索（承）
客厅里，母亲帮父亲找手机	"手机手机，一天找80回。"	多场景下，通过对话带出"父亲记忆越来越不好"的信息，同时，品牌信息多次自然植入，毫无违和感（承）
儿子与父亲在超市购物	"哎爸，菜忘拿了。"	
在家吃早餐，父亲询问儿子新车品牌	"你这次买的什么新车啊？" "大众。" "哦哦，大众。"	
在外散步，父亲询问儿子新车品牌	"儿子这次买的新车是什么牌子？" "大众！" "哦哦哦，我记住了，大众。"	
一家人坐在车上，父亲再次询问儿子新车品牌，儿子不耐烦地推门而去	"哎，这个车还能自动倒车，儿子，这是什么牌子？" "大众，都跟你说了多少遍了？！"	在前面几次场景铺垫下，儿子情绪爆发，形成短视频的高潮（转）； 产品卖点巧妙植入
客厅，母亲拿出父亲的日记本	"你爸以前记性好的时候天天记日记。"	父亲当年回答儿子20多次却仍然开心，与儿子回答几次就不耐烦形成对比，构成冲击。文案言简意赅
父亲1997年某日的日记本上记着儿子第一次见到汽车的情景，儿子看到日记，流下眼泪	"今天好开心，儿子第一次看见汽车，指着汽车问了我20多次，这叫什么。"	
一家人开车在外愉快游玩，镜头划过父亲笑容灿烂的脸	你忘记的，我会一直替你记得	金句结束全篇，此处为情感最强音（合）

吸引下单的 5 个营销文案公式

营销文案，过于直白容易被平台限流，不够直白又不便于转化。怎么做才能一石二鸟，既拿到流量又撬动销量？笔者从大量爆款短视频里提炼了 5 个营销文案公式，套用公式，你会发现营销文案原来这么简单。

（一）问题引导型

抛出问题，吸引用户注意和思考，进而通过说服，引导用户转化。公式如下。

抛出问题 + 细节分析 + 共情 + 揭示答案 + （主题升华）+ 引导转化

具体示例如表 2-14 所示，示例文案来自读书博主"都靓"。

表 2-14

话术类型	文案
抛出问题	如果让你带着前世的记忆轮回，还托生在自己的后代家里，管曾经的儿子叫爸爸，听朋友是如何在背后评价和议论你的，你会是怎样的心情
细节分析	这个很有意思的设定，来自我手中的这本小说《生死疲劳》。莫言说这是他获得诺贝尔文学奖的代表作之一。故事的主人公叫……
共情	书里说……生活中你会不会也这样想过：为什么我工作那么努力，升职加薪的却是同事；凭什么闺蜜没我优秀，但是过得比我好
揭示答案	如果始终怀着抱怨和不甘，才是真正的生死疲劳……
主题升华	这本书的精彩还远不止于此，莫言套用魔幻小说的外壳，带我们经历了从 20 世纪 50 年代至今的社会变迁……真的，看他的书真的是一件特别过瘾的事儿
引导转化	如果你还没读过莫言，那第一本书就从《生死疲劳》开始吧。无论你是想缓解当下的焦虑困扰，还是想……这本书都能满足你

（二）速成吸引型

先造梦，再降低门槛，给予方法指导，最后顺利转化。公式如下。

美梦成真 + 降低难度 + 我有方法 + 引导转化

具体示例如表 2-15 所示。

表 2-15

话术类型	文案
美梦成真	为什么有些人一开口就能让人开心呢？你想成为这样的人吗
降低难度	要想"说得比唱得好听"，你就得记住这 3 句口诀。视频最后有彩蛋，不想错过先点赞
我有方法	首先……其次……最后……
引导转化	都学会了吗？还想掌握更多幽默、潇洒的聊天技巧，强烈建议你点击链接拿下这本书，跟着作者 ××× 好好学学吧。不说别的，光书里的师徒对话就能笑死你

（三）冲突吸引型

先制造紧张，让用户产生情绪。然后一口气批评到底，引导用户反思或思考。接着，话锋一转，表示共情，拉近彼此距离。最后，给出正确答案，引导转化。公式如下。

正话反说＋一顿怒批＋共情＋答案引导

具体示例如表 2-16 所示。

表 2-16

话术类型	文案
正话反说	今天教你们如何亲手毁掉孩子的专注力
一顿怒批	你想毁掉孩子的专注力，你就围着他转，帮他穿衣服，帮他系鞋带，帮他……不停地打断他
共情	很多家长不知道，孩子的专注力不好，都是家长亲手造成的。我们到底应该怎么做呢？不用花很多冤枉钱去上外面的训练班，今天 ×× 教你们在家里就能做的方法
答案引导	第一……这些都是线下专注力训练班的收费内容。第二……第三……好了，你学会了吗？类似的训练方法有很多，我给大家做了简单总结，如果你想详细了解的话，赶紧……

（四）场景引导型

先描述一个场景，让用户觉得有故事可听，"有瓜可吃"。接着，铺垫细节，让故事更加真实和煽情。顺势植入产品，最后引导转化。公式如下。

场景描述＋细节描述＋产品植入＋引导转化

具体示例如表 2-17 所示。

表2-17

话术类型	文案
场景描述	当初我爸死活不愿意让我回乡创业，为什么呢
细节描述	他说："你放着外面大城市的工作不干，要回来做这个？"大家看看我为什么做这个，为了坚守品质
产品植入	它是我们家乡的农特产，每一个打开之后，都有我手里面这个的品质。放心打开看看，就这种品质啊，纯天然，无添加的
引导转化	送到你的餐桌上，你说放心不放心？你吃得放心，我心里也开心

（五）大秀成绩型

先高调晒成绩，引发观众猜测、好奇、怀疑或嫉妒等。接着，给出有理有据的卖点分析，可以适当现身说法表明可信度。时机成熟后，加以引导。公式如下。

晒成绩＋产品概括＋卖点分析＋（现身说法）＋引导转化

具体示例如表2-18所示。

表2-18

话术类型	文案
晒成绩	6月1日起，××的这个"揭秘百科点读礼盒"就要绝版了，不仅会整体涨价，而且这支赠送的点读笔呢，将会单独销售。目前，所有的库存都在这个链接里
产品概括	与其说它是一套科普书，不如说它是一套适合从2岁到99岁读者的通识教育读物
卖点分析	这个礼盒一共有8本书，内容涵盖海洋、建筑、垃圾、船舶、太空、恐龙、人体和地球的相关知识，让孩子上知天文，下知地理……为了确保知识的权威性，还邀请了多位中科院的专家和教授来审定
现身说法	从第一次推荐这套书以来，我就已经买了几十套送给我朋友的孩子们
引导转化	如果你相信××的话，趁涨价前的最后机会，把它送给孩子作为六一节的礼物吧，孩子一定会爱不释手的

 ## 引导进入直播间的5种短视频文案

直播间引流短视频贵在短小简单，还得有吸引力。我教大家从产品力、营销力、达人魅力、场景、情感5个维度，打造直播间引流短视频文案的"引力"。

（一）产品力吸引

直接展示产品效果，通过产品吸引精准人群，文案重点在于产品力，如表 2-19 所示。

表 2-19

话术类型	文案
产品＋使用者，圈定用户	别说我不"宠粉"，明星化妆都会用的百元彩妆好物，悄悄说
达人推荐，现身说法	×××修容盘，我的化妆包必备
产品功效	有了它等于有了高光、阴影、眉粉、眼影
使用方法	每一个都可以拆下来使用，超级方便……
引导语	这些好东西都在我的直播间，快来

（二）营销力吸引

通过较低价格或具有极致性价比的引流品吸引用户关注直播间，打造营销力，如表 2-20 所示。

表 2-20

话术类型	文案
提问＋强调优惠＋产品展示	××元 50 个的夏季新款克莱因蓝口罩，你们都在我直播间拍到了吗
产品包装	你们过来看一下，它每一个都是独立包装，既干净又卫生，拆一个用一个
产品材质	高弹力的耳绳，久戴不会勒耳朵，强拉还不断。3 层的防护，两层无纺布夹一层绒喷布
引导语	有喜欢的话，点头像来我直播间

（三）达人魅力吸引

展示直播前的筹备过程，细致还原主播生活，让用户产生代入感，如表 2-21 所示。

表 2-21

话术类型	文案
直播预告＋营造戏剧化氛围	男："我整晚睡不着，我太紧张了，今晚就要直播了！" 女："你紧张什么呀？"

续表

话术类型	文案
趣味"埋梗"引关注 +暗示粉丝福利	男："我好担心，万一……还有，今晚还要唱歌！" 女："你不是歌手吗？" 男："万一唱跑调不是更丢人？"
幽默反转	女（挥巴掌）："醒醒！"
引导话术（时间 + 人物 + 内容预告 + 号召）	"今晚我们将在抖音直播，首次直播举办千万粉丝感恩回馈夜。除了回答大家感兴趣的话题，我们还会唱歌给大家听。直播间还有更多有趣玩法，感谢大家！今晚七点半直播间见。"

（四）场景吸引

直接展示场景，比如主播的砍价过程，让用户看到主播机智谈判的过程，深化其"护粉""宠粉"形象，提高用户对直播活动的认知和接受度，还能暗示有福利，如表2-22所示。

表 2-22

话术类型	文案
诱发好奇（吸引粉丝）	为粉丝砍价的过程中究竟发生了什么
铺垫故事（实力"宠粉"）	"李总，怎么说呢，我想给我们直播间的粉丝争取个全网最低价。"
展示过程（剧情吸引，丰富人设）	"没问题，罗老师，我们初次合作一般是7.85折。××价，我可以申请一个6.33折。如果您采购套装，我还有让利加实物回扣，这样最终算下来就是5.68折，您看行吗？"
	"能不能不这么复杂，让粉丝一听就是个很大的折扣不行吗？直接一点儿？"
	"要不然这样，在刚才的基础上，如果你们再送我们一次品牌曝光，第二批货还有0.4的返利，这样算下来差不多也就是5.2折了。"
	"哎呀，就你这5.2啊、0.4啊，听着特费劲。你让粉丝一听就是捡了一便宜，能行吗？直接点儿的。"
结尾"埋梗"（形成笑点）	"要不然这样，您先按全款的17%交一个定金，然后……"
	（主播自扇巴掌，崩溃。）

这条视频获得了126万多个赞，可见幽默趣味的砍价过程很受用户（尤其是粉丝）

欢迎。这条视频如果在结尾处增加引导语，会更加完整。

（五）情感吸引

植入情感因素，与用户共情，再自然植入产品和直播信息，如表 2-23 所示。

表 2-23

话术类型	文案
用户立场	减什么肥？胖点不好吗
细节共情	圆脸微笑才温暖，身材微胖才性感
引导转化	卖家不如买家秀，快来我的直播间

第三章

如何找对抖音爆品

抖音电商领域流行一个观点：抖音电商，三分靠运营，七分靠选品。

人、货、场，货（产品）是支点，场是杠杆，人通过产品支点撬动杠杆，GMV（商品交易总额）就有了。

 # 选品不对，努力白费

如果商品上架了，愣是推不动，不要着急怪主播，有可能是品选错了。品一旦选错，后面就都错了。

- 产品质量不行，无法持续健康变现，口碑"拉垮"。
- 人设与选品不匹配，粉丝"脱粉""取关"。
- 选品没能发挥优势，产品不温不火，淹没在人海。

总之，选品不对，努力白费。

（一）先定位，再选品

抖音是什么电商？兴趣电商。在这里，用户的购买欲是"刷"出来的，不是人找品，而是品配人。选品不是一件想来就来的事，选品前你必须对账号有清晰的规划。

1. 账号定位

首先，你的优势是什么？我们从擅长与兴趣两个维度来分析，如表3-1所示。

表3-1

维度	细分项	示例	诊断
你擅长的事	工作经验	做品牌美妆柜员 5 年	以美妆产品为突破口，后期可逐渐拓展到其他以女性用户为主的品类
	学习技能	参与秋叶大叔个人品牌 IP 营，并获得优秀学员证书，链接许多优质人脉	可卖知识类产品、课程
	生活经验	擅长职场穿搭、日常穿搭，常被夸穿搭好看	可卖服装饰品
你感兴趣的事	感兴趣且经常做	喜欢摄影，累计拍摄风光照片 2 万多张	可接片约；可探店，卖文旅产品
	感兴趣且不断进步	喜欢读书，慢慢组织读书会，有自己的社群	可卖图书及知识付费（成长向）产品
	感兴趣且成功变现	喜欢研究厨艺，家人喜欢你做的酱，后来小吃店的人主动前来询价	可卖食品，逐渐孵化自有品牌

其次，你有怎样的人设？我们从职业、生活、地域、年龄 4 个方面来提炼，如表 3-2 所示。

表 3-2

维度	示例
职业	职场"御姐"、车间女工、科技公司大咖……
生活	三孩妈妈、新手奶爸、欢脱姐妹、清北学霸……
地域	幽默东北人、农村创业小伙、海岛民宿主人……
年龄	职场新人、在校大学生、优雅奶奶……

根据优势和账号人设，可以圈定一些大的品类，这样选品的大范围就有了。

2. 用户画像

可以分两种情况来分析用户画像：

情况一，账号粉丝不够多的，分析同类目对标账号粉丝画像；

情况二，账号有一定的粉丝量，分析自己账号的粉丝画像。

具体查看以下这些数据。

• **性别占比**。以男性粉丝为主的账号，可留意 3C 数码、运动用品、游戏、汽车、男装、酒水等品类。以女性粉丝为主的账号，可选范围就比较广了，从美妆、服装、珠宝、家居、日化、零食、母婴、图书到个护等，可结合账号优势来选。

• **年龄分布**。年轻消费群体喜欢潮流、高颜值产品，中年消费群体喜欢实在、有品质的产品，等等。

• **地域分布**。确定用户是一、二线城市为主，还是三、四、五线城市为主。粉丝以一、二线城市为主的账号，可选择客单价稍高，时尚感、社交货币属性更强的产品；粉丝以三、四、五线城市为主的账号要注意产品的亲和性和实用性。

某达人粉丝画像如图 3-1 所示。男女比例为 28：72，粉丝以女性为主。年龄分布上，31 ～ 40 岁较多。地域分布上，广东、江苏、河南粉丝较多。该达人在带货时，以日用品为主，同时卖少量化妆品。

3. 带货形式

更擅长短视频带货，还是直播带货？

短视频带货适合单品突破。需要深挖卖点，同一产品换多种素材拍，挖掘不同场景，力求把单品"打爆"。直播带货适合带多种产品，需熟练提炼产品卖点。两者差异如表 3-3 所示。

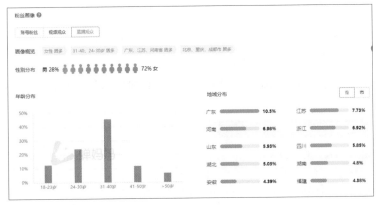

图 3-1①

表 3-3

类型	产品数量	内容关联度	卖点	产品销售	适合商家
短视频带货	单个	同品类，内容方向一致	深挖不同场景下的卖点	长尾效应显著	个体及团队皆可，对初学者很友好
直播带货	多个	跨品类，内容方向不一定相同，但排品有逻辑	场景较少，强调制造氛围和惊喜	直播时及直播后的少量复购	考验综合能力，团队作战优势明显

4. 运营主体

不同运营主体，带货方式不太一样，选品技巧也不相同。

• 达人：先做垂直直播间，选高复购产品、高利润产品，优化产品 SKU（存货单位），优化供应链。

• 品牌：分品类开垂直直播间，矩阵联动，优化产品 SKU。

• 经销商：多点快速测试，快速"打爆"；深度服务垂直人群；优化爆品结构。

• 工厂：员工厂播；深度垂直；价格便宜，薄利多销；卖货打造爆品；吸纳加盟；根据用户反应，加速产品迭代。

不同运营主体的优点和缺点如表 3-4 所示。

5. 确定品类

比较意向品类数据的方法如下。

• 通过商品橱窗进入精选联盟。

---

① 截图来自蝉妈妈。

- 选择品类，查找意向商品。
- 查看意向商品近 30 天的推广数据，选择上升趋势的商品。
- 查看商品评价和好评率，尤其要留意用户的"吐槽"。
- 查看商家体验分（商品体验、物流体验、商家服务），选择体验分高的商品。

表 3-4

主体	优点	缺点
达人	营销思维强，选择空间较大	货源不稳定，拿货价受多方面因素影响
品牌	有品牌影响力；货品较充足；门店多，线上线下联合；随时根据市场情况调整研发方向	容易给人营销性太明显的印象，需在娱乐性内容方面多下工夫
经销商	品类丰富，货源稳定，选择较多	相比之下，缺少品牌与工厂方的价格优势等
工厂	一手货源，价格便宜；货源充足	品类单一

流程如图 3-2 所示。

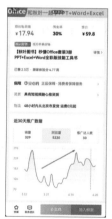

精选联盟入口　　　品类 + 意向商品　　近 30 天推广数据　产品评价与商家体验分

图 3-2

6. 缩小范围，落实到具体产品

如果带货团队选择的意向商品有不同商家，那就需要货比三家，重点留意：平均推广单数（带货达人在平台推广后商品的总销量 / 带货达人数）、转化率（销量 / 浏览量）、好评率（直接观察）。

比较这几项重点数据，选择综合指标更高的商品。

（二）新手容易误入的选品误区

1. 任性选品，只管自己喜欢

有的团队恨不得自己喜欢什么就卖什么，最后卖不卖得动呢？很可能卖不动，因为缺少市场调研、用户观察，你喜欢≠用户喜欢。

2. 佛系选品，碰到什么选什么

刚好认识一个朋友在做生鲜，你就打算卖生鲜。但是，生鲜产品对产品质量、物流和包装要求很高，平台整体体验分偏低，这些潜在问题你或你的团队搞得定吗？这个领域市场有多大，真实利润空间有多大，要不要先了解？

3. 跳跃选品，商品间毫无关联

粉丝量不大，但野心很大，卖美妆又卖零食，卖日化又卖图书。算法都被你弄得晕头转向：这个号的选品怎么变来变去呢，这样下去流量怎么投？你想过没有，喜欢美妆、零食、日化、图书的，是同一群人吗？

4. 盲目选品，误入禁区

看到别人卖得好，你就想找同款来卖，可是你想过以下问题吗？

- 你和别人的拿货价一样吗，确定自己的价格有优势吗？
- 其他商家会不会也想卖，无形中抬升投流成本？
- 产品和你的人群匹配吗，确定你的粉丝需要这些产品吗？
- 产品和你的人设匹配吗，确定卖了之后不会"掉粉"吗？

初学者千万要注意，以下这些产品不要卖！

- 没有销量的产品。新手尤其不建议卖，因为头部账号都不一定卖得动，不确定性因素多。

- 新店铺刚上架的产品。店铺的综合能力还没有经过考验，和这样的店铺合作有风险。

- 和你的账号定位不匹配的产品。注意，卖和自己账号的定位不匹配的商品就是在消耗自己的人设。

- 体验分太低的产品。不要因为一款产品拉低了你的整体口碑。

以下这些产品禁止卖！

- 武器、管制刀具等。
- 与国家相关的产品，如国徽等。
- 易燃易爆品。

- 有毒化学产品。

- 黄色、暴力、低俗产品。

- 医药及美容针剂产品。

- 部分虚拟产品，如比特币、游戏金币等。

（三）爆款好物选品思路是什么

1. 商品本身好

我注意到，抖音商城中有许多商家采用在一段时间后撤链接的方法，来应对商品的口碑滑坡，这不是什么高招，会拉低复购率。商家要从源头把控好商品质量，优质商品才有利于"黏粉"和促进用户复购。

2. 符合用户画像

不符合用户画像，等于在做无效售卖。除了用户的性别、地域、来源，还要留意用户的手机设备。使用高端机的用户消费能力通常比使用低端机的用户更强，这为产品价位选择提供了更多思路。

3. 先垂直再拓品

根据用户画像垂直带货，用户更加精准，这容易提升账号的辨识度，比如王芳的图书、秋叶的职场提升课等。垂直带货达到比较稳定的程度后，团队可以考虑要不要拓品。

细分领域蓝海：图书、知识、运动户外、本地生活、数码、三农等。这些品类需求多、门槛不高，吸引了相当多的商家。

4. 与达人关联度高

有单身女性人设的主播卖母婴产品、娱乐主播卖知识产品，这些都是人和货的不匹配。产品与达人关联度高，既可以强化达人人设，又可以抬高产品价值，就像农民在田地里直播卖农产品，用户一看就容易觉得这个产品好。

5. 应季产品

夏天什么好卖？制冷产品、驱蚊贴、香氛、小龙虾……冬天什么好卖？羽绒服、保暖内衣、火锅底料……应季产品一般和用户的衣食住行直接相关，选择应季热销品，总是没错的。

6. 高性价比

高性价比≠低价品。低价品便宜，高性价比产品让人觉得占了便宜。

• 有价格锚定，比如天猫旗舰店价格，相比之下显得直播间产品价格更低，用户觉得占到了便宜。比如：二手奢侈品包、清仓品牌女装。

• 看起来数量多、体积大、更有质感的商品。比如：看起来体积更大的纸巾、礼盒包装的护肤品套装。

7. 覆盖面广

覆盖面广的产品，一百个人里面至少会有几个人想要，你"打"到精准用户的概率就更大。

• 常见的产品。

• 使用频次高的产品。

• 刚需品。

比如：纸巾、洗面奶、拖鞋、毛巾等。

8. 易展示

产品的卖点越能用视觉语言展示出来，就越容易在抖音上卖。比如：

• 食品的色泽。

• 服装的上身效果。

• 化妆品上脸效果。

9. 高颜值

在抖音，你得用高颜值产品呈现"美好生活"。越能催生用户的向往，越能卖"爆"。

10. 新奇好物

有的产品，用户不太了解，但看到后觉得有用、有意思，这样的产品如果还很平价，就很可能在抖音卖"爆"。比如：瑜伽形体棍（均价 20 元左右）、快递涂抹器（均价 12 元左右）。

（四）品控流程 7 步走

1. 设置专职人员

有条件的团队，品控人员应该专职专岗。

2. 审查供应商资质

审查供应商是否具有与品类对应的、时效期内的资质。

3. 明确细节

品控中需要明确的细节如下。

- 佣金比率。

- 卖点。向商家索要资料，从中提取卖点。

- 产品近 30 天推广数据。选择趋势向上的产品。如果产品近 30 天推广数据呈现下滑走势，那意味着产品的风头不在了，风向正在变，那就没必要再带了。

- 用户评价。好评不一定是真的，但差评很可能是真的，尤其是大量反映同类问题的差评。要避开差评多的商品。

- 物流要求。确认产品对物流有没有特殊要求，提前沟通和联系好。

- 各项评分。毫无疑问，选择评分高的。评分太低的就不考虑了。

4. 审查商品

样品到了之后，重点检查以下项目。

- 包装完好度。看看外包装是不是完好无损，有没有出现压扁、弯折等情况。

- 有无破损。看看内包装是否紧实，有没有漏洒、破损等情况，确认样品完好。

- 有无寄错。看看样品颜色、款式、尺寸等对不对。

- 商品数量和质量。看看样品的数量对不对，成色、外观、质感怎么样。

- 物流情况。看看物流符不符合时效要求，有没有哪些地区无法到达，如果有，一定要标注出来。

- 体验效果。亲自试吃、试穿、试用，找不同的人打分，综合评估产品，剔除其中不够好的。

- 卖点是否符合实际情况等。检查商家宣传的卖点和实际情况是不是符合的，不符合的需要联系商家解决，或者取消资格。

5. 信息存档

保存选品的资质、抽检及细节信息，专门存档，作为日后检查盘点的材料。

6. 匿名抽检

确定合作后，还要对短视频带货及直播前、直播中、直播后的商品进行匿名抽检。如果发现货不对板，要立即与商家沟通解决，及时向用户道歉和补偿。

7. 商品优化

商品不能一成不变，可以采用末位淘汰制，按照短视频发布频率或开播周期，隔 3 天或一周等，淘汰点击率垫底、成交率不高的 3 种产品，补充新的产品。

引流款＋爆款＋利润款＝高停留高转化

抖音直播间转化路径是这样的。

用户点击→停留观看→参与互动→商品点击→商品加购→商品成交

按照这个路径，我们可以设计一个排品顺序，建立商品与商品间的联系，促使用户连带消费，提升直播间 UV 价值（访客价值）和 GMV（商品交易总额）。根据转化路径，我们的排品要做到以下几步。

吸引点击→吸引停留→吸引转化

（一）引流款：给出点击停留理由

引流款或者说福利款的功能就是吸引用户眼球，让路过的用户一眼就产生购买欲望。有时候引流款并不赚钱，甚至可能亏钱，但只要能有效吸引用户进入和停留在直播间，它的作用就达到了。

我们可以用引流款商品来做福袋抽奖或福利秒杀活动。

1. 福袋抽奖

实物福袋要想黏住用户，福袋里的东西必须具有吸引力。

• **高复购的刚需品**。比如：知名度高、使用频繁的大牌护肤精华、免洗睡眠面膜等。

• **产品的卖点可视**。引流品的展示时间很短，没有办法像推荐其他商品那样一一花时间现场测试，那么产品本身的卖点最好可视，比如无痕衣架等。

• **产品的价值较高**。直播间开播前 10 分钟，系统推的多是泛流量。我们可以选择大牌产品作为引流款，引导泛流量进入并停留。引流品千万不要给人廉价甚至劣质的感觉，这会影响直播间的形象，可以挑选材质、包装、性能等更好的产品。比如，同样送披肩，真丝材质的会比纯棉的显得价值更高。

如果产品的吸引力很强，主播可以顺势提醒用户点亮粉丝灯牌后再领取抽奖福利。

2. 秒杀

秒杀品一定要简单直接，用户一看就懂，不需要主播多介绍。

• **上引流款之前先互动**。比如：想要产品 1 的"扣 1"，想要产品 2 的"扣 2"。增加互动，看用户评论。

• **选择与直播间商品有关联但不完全相同的产品**。比如：直播间卖女装，秒杀品设置为海水珠耳钉；直播间卖床上用品，秒杀品设置为洗衣凝珠等。

3. 细节技巧

• **爆款前置**。我们可以把受欢迎的爆款产品前置，作为引流款，告诉用户这里有他们想要的产品。

• **高频强调福利**。无论是福利的发送规则、抢拍规则还是引流款的福利性，都要反复说，让用户一进来就知道，知道了就停留，拉高直播间数据。

• **限时限量**。强调产品数量有限，只能在有限的时间内买到。再根据直播间情况，比如人气下滑的时候，先少量上一波引流款，迅速提升相应数据指标。接着，引导没有拍到的用户在直播间回复"没有拍到"或设计点赞、在线人数达到什么程度后，再设法加库存，营造紧张刺激的抢购氛围。

注意，无论赚钱与否，引流款一定要限制单量，建议不超过在线人数的十分之一。一方面，引流款利润不高，其主要作用不在于制造单量，而在于留人。另一方面，引流款会影响直播间的推流机制，如果引流款成单较多，系统会认为直播间对应的用户群消费水平整体就是这样，导致推流人群不准。

• **价格技巧**。引流款商品的价格建议按照正品价格的30%来定价（便于低转高）。并以"9"结尾，比如19.9元、29.9元等，非整数定价会让用户更愿意接受。

• **引流品拉动客单价**。如果想用引流品提高客单价，可以直接拿直播间爆款产品正价卖，但是附赠多种产品，给用户用买一份的钱买了很多份的感觉。

（二）爆款：不得不买，提高转化

爆款产品就是热度较高的产品，主要作用无非以下两点。

• **清库存**。库存较多但受众比较广的产品，通过一定的让利手段，释放库存压力。

• **冲销量**。本身就比较受欢迎，通过爆款产品拉升直播间销量。

要想达到我们的目的，必须得给用户不得不买的理由。

1. 爆款的特点

爆款产品的特点如表3-5所示。

2. 细节技巧

• **讲解时间要充足**。作为主打品，爆款产品的讲解时间可以适当增加，充分展现产品的卖点。对于产品的价值、成分、质地、效果等，进行详细介绍。

• **可以频繁出现**。爆款产品既可以作为促使用户停留的手段，也可以作为冲销量的主力，所以爆款不仅可以出现在引流款热场之后，也可以在直播间时不时出现。

表3-5

特点	示例
低客单价、高使用频率、使用周期短、决策时间短	洗面奶、面膜、立体口罩、零食大礼包
榜单爆款	月榜、周榜、日榜排名靠前的产品
卖点可视化	瑜伽形体棍、挂脖风扇
情感溢价	国潮设计、情侣款衣服
库存充足	先有预备，再有营销，否则可能因为"爆单"后库存不足留给用户负面印象

（三）利润款：吸引小众群体，拉升成交额

光有引流款和爆款，客单价提不上来，怎么办？加入利润款。

利润款就是毛利空间比较大的产品。前有引流款吸睛、爆款引导转化，再通过利润款趁热打铁，直播间 GMV 就上去了。

利润款一般有以下这些特点。

• 毛利润在 50% 以上。

• 转化率比较好。

• 其他达人带货数据比较好。

• 评价和用户反馈好。

• 相比于同类商品，有更加突出的卖点，比如品牌联名、特殊设计、限量款、独家专卖等。

推广利润款时，要努力营造稀缺氛围，提升用户的好感度和黏性，方法如下所示。

1. 测试推荐法

利润款受众比较小，如果想扩大市场，可以采用免费试用、预售的方式进行推广测试，根据测试结果决定价格、组合优惠策略。

2. 互动询问法

展示爆款产品时，可以插播一句，询问直播间用户想不想要接下来准备上新的这款产品，观察用户的反馈，主动在评论区询问或者私信客服的用户大概率是精准用户。正式讲解时，就要针对他们优化话术，引导转化。

3. 套装组合法

把高利润单品和多个优惠单品组合起来卖，这样既可以推高利润款的销量，又能给用户一种很实惠的印象。

示例

某大牌限量款气垫＋口红小样＋香水小样＋加赠化妆包。

 用对方法，新店也能"爆单"

新店"爆单"难不难？找对方法，其实不难。

（一）短视频单品"打爆"法

对于擅长短视频带货（或者不太擅长直播带货）的商家，完全可以先采用短视频单品"打爆"法，取得阶段性胜利，后续再组合其他方法，把生意做大。

短视频单品"打爆"法，简而言之就是一直用短视频卖同样的产品，反复卖，不断打标签，不断优化人群，直到"爆"。

• 反复卖同一款产品，潜意识占领用户心智。一次生，两次熟，三次有点犹豫，四次大概率下单。一条短视频的展现量可能只有几百、几千，但如果10个账号发10条呢，那是多少展现量？

• 反复卖同一款产品，能打上精细的标签，提高精确度。不管你是卖数码产品的，还是卖女装的，不断推同一款产品，算法会记住用户的选择，帮你找到越来越精准的用户。

• 有了精准标签后，投流准确性会越来越高，就更容易出单。算法帮你把人群找到了，你把大家的喜好摸透了，那就根据数据表现来投流，ROI（投资回报率）就会更高。

想通过短视频单品"打爆"产品，你得在以下这3个方面下足工夫。

1. 供应链优势

供应链优势肯定要有，因为单品"打爆"，货源一定要充足，价格也要足够实惠。

2. 向供应商索要足够多的素材

产品供应商不一定比你更懂用户，你要多向供应商索要素材，从中挖掘提炼更多用户喜欢的点，把这些点通过短视频放大。

3. 多视频测试卖点

用户感兴趣的卖点有时候是测出来的。

• 同一个短视频模板，你先拍10个不同的卖点，看看用户对哪些卖点（或卖点组合）更感兴趣。用户感兴趣的卖点，就进一步挖掘。

• 同一个卖点，在不同的场地、场景拍 10 条短视频，观察其中数据表现好的，加大投流。

这样不断测试和优化，新店单品也能"爆"。

（二）直播间单品"引爆"法

直播间怎么"引爆"单品？如果翻来覆去地卖同一款产品，用户肯定会厌倦，有没有让单品在直播间玩出 SKU 花样的方法？我们分情况讨论一下。

1. 可拆分单品

可拆分单品是指将本质上相同的单品，通过"试用装＋正装"组合，改变数量关系，降低用户商品购买门槛。比如护肤水、乳液、精华，可以拆分为试用装和正装出售。

`示例`

（1）某品牌精华液，拆分为 9.9 元试用装和 268 元正装出售。

（2）某品牌牛排，拆分为 9.9 元一片尝鲜装、59.9 元小份装和 179.9 元礼盒装出售。

正装太贵的产品，用户的决策门槛会高一些。如果你用单价较低的试用装或尝鲜装吸引用户下单，用户使用后觉得好，一般会回购。并且，用户下单有助于优化直播间数据，能撬动更多流量。

2. 不可拆分单品

对于那些不能拆分的单品，比如一本书或者一个空气炸锅，我们该怎么办？很简单，从这款产品的产业链上下游找延伸品，让用户搭配使用。

`示例`

（1）图书＋读书卡＋个人成长提升课。

（2）空气炸锅＋鸡排＋吸油纸。

买书的用户除了读书，有可能还愿意加入一个社群或者购买一些读书服务，比如好书共读、名师领读等，再往上一步，喜欢阅读的人可能也是热衷于探索个人成长的人，这样的用户是不是可能对读书卡、个人成长课有兴趣呢？通过上下游的延伸品，区分了产品的梯度，也拉长了用户的消费周期。

再比如，买空气炸锅的用户，是不是买来炸食物的，炸食物是不是用得上吸油纸？那你在直播间里同时准备鸡排、吸油纸之类的材料，他或许会觉得东西十分齐全，就不用另外在别的地方买了，从而图方便下单。你还可以适当给点优惠，用户下单更爽快！

（三）直播间搭配优惠"引爆"法

非单品直播间，想"爆品"，该怎么做？方法很多，照着学就行。

搭配＋优惠，能触发更多消费。

1. 款式搭配

用户买了A产品，可能用B产品来搭配，能达到最好的视觉效果，直播间选品和排品时，可以充分利用这一点，为用户做好服务。

示例

（1）发饰＋裙子＋高跟鞋。

（2）连衣裙＋单肩包。

2. 功效搭配

不同类型的产品效用不同，不少产品搭配使用能发挥最大功效。

示例

（1）粉底＋卸妆油＋清洁面膜。

（2）秋叶PPT训练营＋Excel训练营＋PS训练营。

3. 场景搭配

同样的场景下，可能需要多种产品，我们可以依照场景来选品、排品。

示例

（1）精选煎锅＋牛排。

（2）防晒衫＋手持移动风扇。

前者适用于煎牛排场景，后者适用于夏天的室外场景。

4. 色系搭配

依据相近或互补色来搭配选品。

示例

（1）米色T恤＋蓝色牛仔裤。

（2）绿色连衣裙＋杏色单鞋。

提示：搭配时应注意价格梯度，用高价配低价。

• 入门级单品，提供尝试机会，增加复购可能。

• 类似产品，要有不同价位的产品供不同用户选择。

• 相邻产品价格梯度不要太大（引流款除外）。

（四）短视频 + 直播间 "爆中选爆" 法

现在做抖音，最不缺的就是数据。既然有数据，有爆款榜单，是不是可以拿来就用？肯定是！

1. 第一步：找爆款

分别找出意向品类的日榜前三、周榜前三、工厂跑单量前三的产品。

2. 第二步：拍视频

在同一个场景中，用同一个剧本拍这 9 款产品，观测转化率。

3. 第三步：直播

用同样的讲解时长和类似的卖点卖这 9 款产品，观测转化率。

4. 第四步：商品优化

直接淘汰短视频和直播转化率排在末位的 3 款产品，从日榜、周榜、工厂跑单量榜中各选 1 款上新。

5. 第五步：流量测试

对 9 款产品的视频进行小额度投放，比如各投 100 元，观测转化率。

其中，播放量过万或者商品点击率大于 18% 的产品，"爆"的概率比较大，那就是你重重筛选出来的潜力款。

6. 第六步：加大投放

确定潜力款后，沟通好渠道，保证货源充足。然后加大投放，把它"打爆"。

四 6 招让你的产品看上去更超值

产品超值 ≠ 用户觉得值。怎么样让你的产品看起来更超值？这些技巧教给你。

（一）产品组合

1. 超值礼包

谁能拒绝大礼包的诱惑？毕竟大礼包东西多，还便宜，就算大礼包里有一两件不怎么用得上的产品，多数用户都会觉得大礼包划算。对用户来讲，大礼包的好处如下。

• 总价低于单个商品的价格之和，让人觉得划算。

• 量大还价优，看起来可以满足很多需求，激活人们的需求。

• 满足分享等多重社交场景。比如一份良品铺子大礼包，里面的零食口味很多，方便和朋友聚会、看电影等场合一起分享。

咱们如果有库存品、想推却没推动的单品，完全可以试试大礼包的"打法"。

2. 买一发多

当68元一支的电动牙刷卖不动，你可以：149元"拍一发二"，还赠送一支牙膏，限时限量抢购。最终算下来，单支电动牙刷的售价可能还略高于68元，但你通过语言、演示等展示了牙刷的价值，用户觉得买一送一还领到了赠品，划算。

3. 功能套餐

有时候一款产品满足的是一个主要需求，但用户可能同时有多个需求，我们的产品组合就可以这样做：围绕功能做套餐。比如，谷物果蔬干零食组合，可满足一个人两周的营养需求等。

4. 高低频组合

打包使用频率高的低价品与使用频率低的高利润品，然后给予优惠，用户很容易因对使用频率高的产品有兴趣而购买这样的产品组合。比如，买一套儿童读物，加199元送一张原价500元的会员卡，用儿童读物撬动会员卡。

5. "买椟送珠"

买牛排送黄油或者黑椒汁，谁都不会奇怪，甚至有的用户会觉得这是理所当然的事。这个赠品，就没有体现价值。咱们换一下：买牛排送平底锅。你是不是一下子觉得好超值？毕竟是一口锅！

（二）价格锚定

判断一款产品的价值时，我们因为不了解，总希望用我们熟悉的产品作为价格参考，这就是"价格锚定"。巧用"锚定效应"，可以轻松让我们的产品看起来更值！

1. 设锚

比如，如果直播间想要以某台风扇为主推品，只需要再搭配一台价格更高，但功能差不多的风扇。相比之下，作为主推品的风扇就显得优惠、实在了。

图 3-3 中，直播间的前三款空调扇，第一款价格为

图 3-3

599 元，这个"599 元"就是锚。跟它比起来，2 号链接中 499 元的风扇和 3 号链接中 339 元的风扇看起来就划算多了。

2.改锚

不过，2 号链接和 3 号链接中的产品，选哪个呢？选 3 号链接，担心产品不够好，2 号链接中 499 元的产品看起来还不错，直播还强调了其制冷性，所以很多人会选 2 号链接。

问题又来了：和 4 号链接、5 号链接中单价 699 元、899 元的空调扇相比，1 号链接中 599 元的空调扇又显得划算了，所以看到后面的价格，又有用户会反过来购买 1 号链接中的空调扇。最后的结果可能是：最贵的因为贵，买的人少；最便宜的因为太便宜，买的人少。但最贵的和最便宜的产品很重要，它们充当了"锚"，让用户下单更放心，觉得自己挑对了。

（三）免费服务

除了产品本身，免费服务也能让用户买得放心、买得开心，觉得超值。

• **免费试用**。比如，包邮还赠送运费险，尤其适用于利润较高、客单价相对高的品类，比如服装、美妆等。

• **免费体验**。比如，原价 1299 元的训练营课程，只需要 9.9 元就能体验 3 天，近乎免费。

• **免费咨询**。比如，买图书（价值 149 元），赠送一对一免费咨询服务（价值 499 元）等。用户一看，就会觉得这个买得值。

（四）借物衬托

一款 200 元左右的饰品，放在普通桌面上拍，和从奢侈品牌包里掏出来，哪种更显得有价值？这就是借物衬托的作用。借物衬托的具体方法如下。

1.感官吸引

卖螃蟹，用含蘸料的精致菜碟来衬托：诱发食欲，暗示螃蟹味道鲜美。

2.价值暗示

用奢侈品牌包作为背景，展示一款平价首饰：暗示首饰价值很高。

3.道具衬托

佩戴手套，展示一条项链：暗示项链珍贵，值得被小心翼翼呵护。

（五）营造稀缺

1. 原创、手工

原创的、手工的产品给人的印象是非好即贵，并且稀少。所以很多产品会标榜自己为"原创设计""原创设计师团队""纯手工"等。

2. 限时限量限价

"库存很少""我们只拿到了这么多货""限时198元……"旨在暗示数量少、优惠不等人，想买到就必须在这一刻下单！

3. 独家

"品牌直播间特供款""独家销售"，营造一种只有少部分人才能享有的特权感，这样的感觉谁不喜欢？

4. 情感

一款面包，是"小时候的味道"。面包还是那个面包，但加了情感，它就显得珍贵了。

（六）装修门面

所谓人靠衣装马靠鞍，如果你的直播间看起来精致，用户会潜移默化地认为，这样的直播间，产品相对更有价值。

1. 主播

• 主播形象气质佳，举手投足间抬升产品价值。

• 主播衣饰质感够好，显得人贵气、产品贵气。

• 主播有内涵，引经据典、信手拈来，吹拉弹唱更不成问题。用户觉得值，就会买单。"东方甄选"直播间就是这样，用户学了知识，顺便领到了大米，当然觉得值。

2. 产品

• 产品包装精美，显得上档次。

• 产品看起来"料多量大"，显得实在。可借助支撑物、隔板、硬材质包装等让产品维持在好的形态，这样能显得产品"够料""精致""气派"。

3. 直播间

• 直播间布景和装饰物美观、质感好，会使得产品看起来价值更高。

• 局部灯光渲染。灯光可以弥补很多缺陷，营造一种如梦似幻、华光炫目的感觉。没错，那就是"高大上"的感觉。

总而言之，让用户为你的精致门面买单。

 五 靠谱选品渠道哪里找

缺少自有品牌和供应链的商家,选品渠道主要有这几种:合作商、分销平台、工厂。

(一)合作商：背靠商家，带货轻松

遇到商家找上门来合作，证明账号被认可了，但被认可了我们就一定要合作吗? 这要分情况讨论。通过合作商渠道选品的优点和缺点，如表3-6所示。

通过合作商渠道选品要做好以下这几点。

1.画像匹配

将自己的粉丝画像和商家产品的目标用户画像进行匹配,确定匹配度高再谈合作。

表3-6

优点	缺点
商家可提供大量资料及其他辅助，省去了很多麻烦	利润较低
品牌商家有品牌背书，更值得信赖	商品与账号和达人的人设及调性不一定十分匹配，需在合作前匹配账号、达人的粉丝画像与商家产品的目标用户画像
头部主播直播收益可观	需及时检查、抽检样品和带货商品

2.明确细节

对于佣金比例、发票开具等细节，应该在合作前确认。

3.创作内容

与商家充分沟通产品关键词、关键内容、创作方向等，在双方都认可的情况下进行内容创作。这样既可以发挥达人的优势，也能让合作在合理范围内展开，不至于出现创作跑偏、背离品牌及产品调性等情况。

4.分批投放

进行投放时，要分素材小批量投放，对数据变现效果好的素材加大投放。

5.复盘优化

复盘后及时与商家沟通数据情况，讨论优化方向，确定是否进行更多合作等。

（二）分销平台：无压力带货，灵活高效

分销平台是很多达人的第一选择，因为分销平台有很多优点。

· 运营的经济门槛较低，没有库存压力。

· 免去自己打包、发货、退货的麻烦。

· 可以根据带货情况及时调整，运作灵活高效。

那么，怎么通过分销平台选品和销售呢？下面以抖音提供的"精选联盟"为例，演示选品流程。在账号主页点击"商品橱窗"，找到"精选联盟"入口。

1. 团长广场

这里展示了 20 多个品类的"团长"，在团长主页，可以看到招商能力（即运营的主要品类）、核心数据、合作品牌、热销合作商品等信息，如图 3-4 所示。

团长广场   团长主页

图 3-4

· **团长信息**。留意官方认证、主要领域、垂直品类、服务达人数、出单达人数等。

· **招商能力**。留意团长不同垂直品类的核心数据：合作商品数、合作商家数、平均佣金率、合作品牌。

· **热销合作商品**。团长的爆款商品，可从中挑选对比。

2. 选品广场

留意优选商家榜、精选联盟爆款榜、热卖推荐、同行热卖、新人开单神器等栏目，如图 3-5 所示。

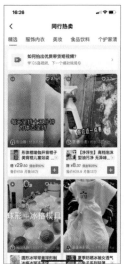

图 3-5

- **优选商家榜**。平台根据交易热度、合作专业度、商家体验分等评选出"优选商家榜"，供我们参考。除总榜之外，还有垂直品类榜，查找十分方便。
- **精选联盟爆款榜**。根据平台的数据情况和用户消费行为评选出"精选联盟爆款榜",榜单分为总榜和垂直品类榜,还有每 10 分钟更新一次的实时榜及每天中午 12 点更新的日榜、周榜、月榜。

- **热卖推荐**。集成了平台客单价不高但热销的产品。

- **同行热卖**。展示了不同垂直品类的优质带货短视频,短视频内容、达人及其粉丝数、售价及佣金等都一目了然,便于学习借鉴。

- **新人开单神器**。这里集成了畅销、高好评率、高佣金率的产品,很适合作为引流福利等。

3. 专属招商

达人发布招商时,对佣金率、品类、价格、店铺体验分等提出细节要求,符合达人条件的商家可报名。

步骤一: 发布招商。依次点击"账号主页—商品橱窗—竞选联盟—专属招商—我的招商",选择"开启日常招商"并设置相应条件,如图 3-6 所示。

图 3-6

招商分为"限时招商"与"日常招商"两种,特点如表 3-7 所示。

步骤二: 商家报名。

步骤三: 处理商家报名信息。处理"待处理"报名信息,根据商家、产品、佣金等综合判断，有意向的选择"感兴趣"并与商家联系，无意向的选择"不考虑"。

表 3-7

维度	限时招商	日常招商
时效	仅活动期内有效	长期有效
适合场景	专场、"大促"	长期稳定带货
佣金率	仅作为参考，不会立即生效	达人选择"感兴趣"后立即生效

（三）工厂：货源充足，集群优势

有条件的商家也可以选择在工厂拿货，工厂渠道的优点和缺点如表 3-8 所示。

表 3-8

优点	缺点
货源充足	订单规模会影响拿货价
有生产能力，可灵活调配	不同产品生产周期不同，需提前沟通
产业带配套资源丰富	—
拿货价相对较低	—
库存压力小	—

选品流程如下。

1. 位置：寻找有产业带集群优势的工厂

位于产业带的工厂，有很大的物流优势，能提供更加完备的服务。比如珠三角、长三角等。

2. 了解工厂情况

• **工厂规模**：订单量与工厂规模匹配，才是合理的搭配。可以按照十分之一的订单量，找合适的工厂，先下单试款，再合作完成全部订单。实力雄厚的商家也可先预售再下单。

• **工厂优势**：不同工厂的特色和优势不同，比如同样是服装，有的工厂善于加工轻薄透气的运动服，有的工厂在加工商务装方面更有优势。要找到与你想带货的产品方向一致的工厂。

怎么侧面了解一家工厂靠不靠谱呢？

• **建厂时间**。建厂 5 ～ 8 年甚至更久的工厂，经营状况稳定。

• **大牌合作**。如果工厂经常和大牌合作，也能侧面证明这家工厂技术、质量、效率值得信任。

3. 洽谈合作

和工厂负责人沟通，就订单量、时间要求、物流要求等和负责人洽谈，达成意向后签约，将所有的合作细节以合同的形式明确下来。如果初次合作愉快，后续可进一步开展更深入的合作。

第四章

让人刷到就想停留的直播间

今年，直播赛道的竞争明显白热化。达人直播、品牌自播、矩阵联合、24 小时直播……怎么做直播才能"卷"赢对手？

一 爆款直播间怎么设计

（一）常见直播间布景方式

目前，抖音主流的直播间布景主要有这 4 种：实景布景、绿幕抠图布景、LED屏布景、KT 板布景。

1. 实景布景

实景直播间采用就地取材的方式，结合实体空间布景，在真实感、空间感、氛围感等方面比较突出。实景直播间有室内、室外两种，如图 4-1 所示。

图 4-1

室内实景，如：展厅、卧室、工厂、工作坊、批发市场、商家门店等。

室外实景，如：生鲜原产地、果园茶园、农庄牧场、旅游景区、娱乐走播场地、户外活动（挖藕、打鱼、徒步等）场地、日常生活场所等。

• **实景布景的优点：** 实景真实感强，观众容易产生代入感；空间延伸感好，视觉体验舒服自然；易于形成自己的特色，有辨识度；搭配不同空间装饰，可以营造独特氛围感；搭配实体店面等，可增强信任感。

• **实景布景的缺点**：布景需要耗费较大精力和经济成本；后期更改较难或会增加成本；户外实景直播不稳定因素多，比如信号不稳定，受天气、光线影响大等。

加分技巧

虚化背景，突出主播，可有力增强画面层次感。

如果露出的天花板影响氛围，可在顶部加贴片遮挡。

爆款配方

• **服装类**：主播试穿 + 衣橱 / 衣架 / 鞋架背景，打造橱窗感。

• **美妆类**：主播试妆 + 沙发 / 茶几背景，打造温馨居家感。

• **百货类**：主播展示 + 车间 / 产地背景，打造厂家 / 产地直销感。

2. 绿幕抠图布景

绿幕抠图是很多达人和商家在用的布景方式，主要是使用绿色或蓝色背景布，在直播时用绿幕软件分离出人像，与设计好的背景合成，形成直播画面。如图 4-2 所示。

图 4-2

• **绿幕抠图布景的优点**：成本较低；操作简单，上手容易；更换方便；视觉体验较好。

• **绿幕抠图布景的缺点**：抠图时可能出现边缘模糊、染色现象等，画面层次感不够丰富，缺少空间延伸感。

加分技巧

· **近景区**：近距离展示产品质感与细节。

· **中景区**：主播讲解和展示，需留意主播服饰、妆容、状态及是否需要补光灯提亮。

· **远景区**：背景展示直播主题、品牌信息、产品信息等，主题要精练，信息不要过多堆砌，设计上要避免喧宾夺主。可突出品牌logo及图案等，有意识打造品牌直播间。产品信息呈现上，"精简促销文案＋图片"为宜。

· **打光**：主播后方左右两侧加柔光箱，可以分离主播与绿幕，减少抠图时边缘模糊、染色的现象。

· **贴片**：分布于左右两侧，不遮挡主播，颜色与背景色形成对比。

爆款配方

· **美妆类**：放大人物面部作为背景，细节吸引用户，有力展示妆效。

· **百货类**：产品近景＋主播中景＋产品信息页远景，构成一定空间感，画面清爽。

3. LED 屏布景

LED 屏布景在罗永浩等头部主播直播间的带动下，越来越火，也是目前主流的直播布景方式，如图 4-3 所示。

图 4-3

· **LED 屏布景的优点**：用户视觉体验较好；内容更换方便；配合主播讲解进行行动

态展示，提升视觉效果和营销氛围。

- **LED 屏布景的缺点**：LED 屏成本较高。

调节曝光时，要注意屏幕亮度，避免过曝。同时，通过调节主灯的远近来调整出镜人的曝光。

- **教培类**：主播知性人设 +LED 屏授课，打造课堂学习感。

- **百货类**：产品近景 + 主播中景 + 产品信息页远景，构成一定空间感，画面清爽。

- **服装类**：主播展示+动态 LED 播放，营造时尚动感现场。

4. KT 板布景

在多数直播间，KT 板可以作为道具，也可以用来补充产品信息，还可以用来作为直播间背景。如图 4-4 所示。

图 4-4

- **KT 板布景的优点**：成本较低，可长期使用，操作简单，利于强化卖场"大促"感。

- **KT 板布景的缺点**：视觉效果中规中矩；受场地影响大，展示不够灵活；缺少空间感；对印制的精度和色彩有一定要求。

- **百货类**：近景产品 + 中景主播 + 远景 KT 板。KT 板必须突出强营销元素，如重点福利、权威认证、假一罚十、中奖信息等。

- **教培类**：KT 板 + 计算机屏幕，打造接地气线上授课氛围。KT 板用于板书，可吸引用户。应注意板书的排版和内容逻辑性。

（二）直播间节假日场的加分设计

节假日及大型促销节点往往是各路商家、品牌方、主播竞争最激烈的时候，为了烘托好"大促"氛围，直播间布景要特别留意。

1. 背景设计 + 包框贴片

"大促"期间竞争激烈，直播间背景必然追求一眼吸睛。从设计角度来说，往往呈现为：大字号加粗体标题 + 统一色彩 + 上下包框贴片，如图 4-5 所示。

图 4-5

• 直播间主题中一般会加入"狂欢""钜惠""大促""宠粉"及"大促"节点，如"双11""618""品牌日"等。

• 贴片加持，上下贴片联合使用，效果更突出。

• 色彩上，可选择不同配色方案，但要追求统一。比如：大红配色，营造节日喜庆、热闹的感觉，并且红色有利于刺激购物；粉嫩配色，投合年轻女性居多的观众群体的喜好，赢得观众的好感；商务蓝、黑金配色，适用于售卖 3C 数码等高科技产品直播间，吸引理性高知男性观众群体；清新绿、清新蓝配色，清爽悦目，适合夏天售卖快消品的直播间，令观众感觉产品是健康、安全的；冰雪白配色，适合反季售卖羽绒服等产品的直播间；品牌色，日常使用品牌色可突出品牌调性，"大促"时使用品牌色则能使品牌色和产品相互呼应，达到更好的视觉效果。

2. 悬浮贴片

大部分直播间都会使用悬浮贴片，这种贴片一般位于直播间画面的左中位置和右上方。

悬浮贴片虽小，但类型和用处却很多。

• 补充产品卖点信息。

• 邀请粉丝"拉新"。

• 邀请用户关注。

• 邀请粉丝进群。

- 介绍赠品福利。
- 补充物流情况。
- 强调免费试用福利。
- 进行抽奖预告，增加直播间停留时长。
- 补充主播信息，便于观众辨认、"黏粉"及产生代入感和对号入座等。

具体示例如图 4-6 所示。

补充卖点　　　　　"邀新"　　　　　邀关注

邀进群　　　　介绍赠品福利　　　　介绍物流

免费试用＋运费险　　　抽奖预告　　　补充主播信息

图 4-6

3. 实物装饰

实物装饰主要有背景型、氛围型和营销型装饰，如图 4-7 所示。

- **背景型装饰**。起到美化背景、吸引停留、抬高产品的作用，比如花棚、羽毛灯、鲜花吊顶等。
- **氛围型装饰**。起到营造氛围、吸引停留、促进转化的作用，比如花束、气球等。
- **营销型装饰**。起到补充卖点、吸引停留与购买的作用，比如促销横幅等。

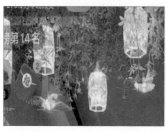

背景型装饰：顶部装饰＋氛围灯　　氛围型装饰：气球　　营销型装饰：横幅

图 4-7

（三）好用的直播间布光技巧

不同规模和带货场景的直播间，布光方式也有区别。

1. 小型直播间：单灯／双灯／三灯布光

小型直播间一般是面积在 15 平方米内的直播间，适用于主播半身出镜或坐在直播台前直播的场景，如口播、美妆、首饰直播间等。小型直播间的布光比较简单，单灯、双灯及三灯布光的图示及特点，如表 4-1 所示。

表 4-1

类型	单灯布光	双灯布光	三灯布光
图示	主播 主灯	辅灯 主播 主灯	轮廓灯 主播 辅灯　主灯
特点	使用一盏环形灯，灯处在主播侧前方高过头顶的位置	对角线布光，主灯是主要光源，辅灯起打亮主播轮廓，使其脱离背景的作用	主灯、辅灯和轮廓灯灵活配合，打造立体、有层次的光线，适用于多数直播场景

2. 中型直播间：四灯布光

中型直播间一般是面积为 15 平方米～ 30 平方米的直播间，适用于对空间有一定需求的直播间，如服装、玩具、小型家电等。4 盏灯配合就能达到不错效果，不同的四灯布光方式及特点，如表 4-2 所示。

表 4-2

类型	地灯布光	背景布光
图示	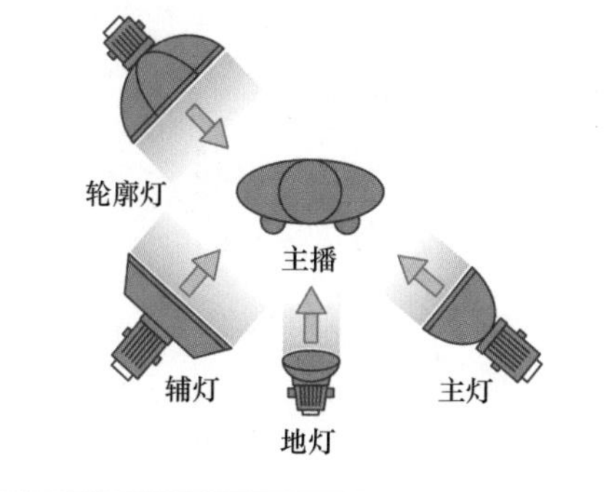	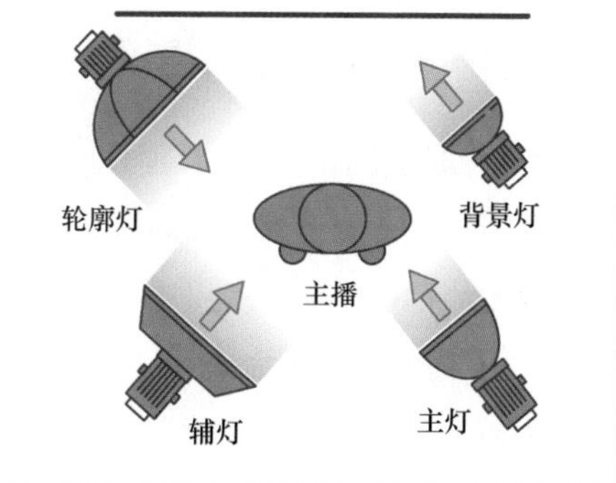
特点	在主灯、辅灯和轮廓灯的配合外，增加地灯照亮主播腿部，让主播展示服装穿搭等时，画面亮度更匀称，适合服装、鞋靴、运动用品等需要真人站起来展示的直播间	在主灯、辅灯和轮廓灯的配合外，用背景灯突出背景海报、品牌信息、商品货架等，适合有一定纵深空间且背景有信息需要露出的直播间

3. 大型直播间：五灯布光

大型直播间一般是面积在 30 平方米以上的直播间，适用于家居、大中型家电等对空间需求较大的品类。这样的直播间场景较大，也就需要更多灯使场景的光影效果达到较好状态。可使用五灯布光，布光图示及特点如表 4-3 所示。

表 4-3

类型	五灯包围布光	背景 + 地灯布光
图示	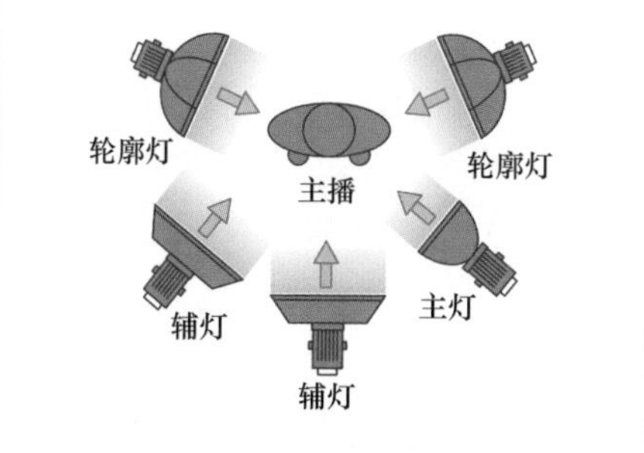	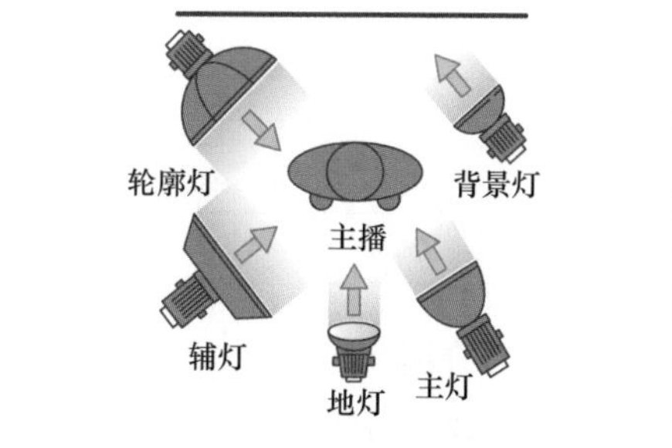
特点	主灯、2 盏辅灯和 2 盏轮廓灯配合，能保证光线匀称、主播立体、背景有氛围感，便于主播在场景内走动，适合需要展示、互动的大型直播场景	主灯、辅灯、地灯、轮廓灯、背景灯配合，保证整体灯光效果的同时，照顾到模特的腿部和背景信息，适合服装（尤其是长裙、长裤）品类的大型节假日直播场

如果需要布置更多灯光设备，可以在这两种布光方式的基础上增加辅灯、轮廓灯、背景灯、顶灯等。

（四）值得收藏的分场景背景乐

直播间最可怕的不是永远不变的背景墙，而是一首歌从头放到尾。这无疑是在赶跑用户啊！直播间音乐怎么用？对于不同场景，我们最好准备不同的音乐。注意，直播间播放的音乐要得到授权才行。

1. 开场暖场要热闹

暖场音乐要为直播间营造热烈气氛，可以闹腾一些，比如选用一些节奏感强的舞曲等，如表 4-4 所示。

表 4-4

1	Fairy YU	6	Hello Friends
2	Wake	7	Gentleman
3	Holidays	8	Horizon
4	Eater	9	《花手摇》
5	Woah	—	—

2. 福利放送要轻松

福利放送环节可以搭配一些互动游戏，宜选择轻松活泼、节奏感强的音乐，如表4-5 所示。

表 4-5

1	《叽叽喳喳波尔卡》
2	Da Da Da
3	Seve

3. 产品介绍要激情

产品介绍环节，选用有激情的音乐，一来可以增强说服力，二来可以激发用户欲望。音乐如表 4-6 所示。

4. "秒杀促单"要带感

"秒杀促单"环节，选用有感召力的音乐可以有效促进成交。有感召力的音乐，就是听了容易起鸡皮疙瘩的那种，如表 4-7 所示。

表 4-6

1	*Cnmna*	5	*Tremble*
2	*Life*	6	*Friendships*
3	*Piu Piu Piu*	7	*Salt*
4	*All Right*	8	《蹦沙卡拉卡》

表 4-7

1	*Victory*	5	*Yes Auto*
2	*Jump*	6	*Dance Now*
3	*Star Sky*	7	《亮剑》
4	*Go Time*		

5. 结束预告要抒情

结束环节，可以播放抒情音乐，增进粉丝好感，音乐如表 4-8 所示。

表 4-8

1	*Hope*	4	《我的眼里都是你》
2	*Welcome to Forever*	5	《情人》
3	*With an Orchid*		

（五）怎么互动，让用户"刷"到不想走

那些用户停留时间超过 1 分钟的直播间，都有哪些互动技巧？

1. 问话游戏

比如，和观众玩真心话大冒险。要提前和观众约定，不能问一些低俗或暴露个人隐私的问题。主播可以和观众分享搞笑的事、尴尬的事等，这可以拉近主播和观众之间的距离。

对输家的惩罚：数青蛙、做方言版自我介绍、学木头人、（头上顶物）做深蹲、倒背乘法口诀表等。

2. 派发红包

发红包要分场景：

• 观看后发，用户观看满一定时间后再领取红包；

• 到点发，约定到某个时间点发红包，延长用户停留时间；

• 到人数发，约定直播间在线人数达到多少人以后再发红包，积累直播间人气；

- 到点赞量发，鼓励观众点赞，点赞量满多少后发放红包；
- 粉丝群发，在粉丝群派发红包，邀请粉丝观看直播、为直播间点赞等。

人数少于 30 人的直播间，红包这样发：

- 高频率提醒"主播要发红包了"，拉升在线人数；
- 直接点名提醒"新进来的 ××× 宝宝，3 分钟后直播间有红包哦"；
- 少额多次发放，不必一次就堆高金额，等直播间人数提升后，再增加红包金额。

人数超过 200 人的直播间，红包这样发：

- 约定条件发红包，比如"满 5 万赞发红包""粉丝突破 10 万发红包"等；
- 提高红包额度，并暗示观众，红包很给力，比如"红包包含（价值）××× 元，这是为了酬谢大家哦"；
- 放慢演示如何关注、点亮灯牌及领红包，助播等在一旁配合，演示时间可拉长到 3 分钟左右。

3. 抽奖有礼

抽奖要把握好节奏，一不能拖沓，影响后面的商品；二要调动用户，让用户觉得有趣。

- **问答抽奖**。比如，可以问用户同类商品，日常售价为多少，引导用户猜测价格。用户的回答会带动直播间人气，之后公布商品的"优惠价"，用户也会更惊喜。
- **截屏抽奖**。可以发布一个任务，比如评论、关注等，拉升相应数据指标，然后截屏抽奖。
- **签到抽奖**。作为直播间固定环节，可在开场前或结束前进行，鼓励用户看播和互动。

4. 上架爆款

限时限价放出直播间爆款，投放限量优惠券，引导用户购买。

对未抢到优惠券的用户，告知其优惠券数量准备不足，后台及时处理后，会发放新一轮优惠券，有效延长用户停留时间，营造抢购氛围。

5. 粉丝互动

- **"cue"老粉丝**。直播间冷场、尴尬或者数据下滑的时候，主动向关注时间较长的老粉丝搭话是一个很保险的办法。
- **趣味回应粉丝**。粉丝提了问题，用幽默的方式回应他们，会赢得更多好感。
- **粉丝爆款返场**。粉丝一致想要的爆款，尽量安排返场！你让粉丝觉得受重视，粉丝就会更积极下单或多互动。

• **满足粉丝心愿**。提前采集、事后询问，比如："粉丝宝宝们想先看哪款？""刚才的包包，宝宝们还想看哪些细节啊？"

• **派发任务**。设置任务，鼓励粉丝做某件事，完成后兑现承诺，给出奖励。

• **粉丝团活动**。比如，五级以上粉丝团，买一送一、福袋抽奖。

6. 爆品返场

结束前，利用 5 ~ 10 分钟时间安排观众呼声高的商品返场，提高直播间转化率。

• **返场"过品"时间要快**。留下来听返场的观众对卖点已经比较了解了，主播节奏可以加快，3 分钟内讲解完一款商品。

• **点名提醒**。"×××宝宝，还在直播间吗？刚刚你没抢到的那件大衣，现在返场了啊，赶快拍，这件衣服卖得特别好，估计很快就没了。"

7. 下一场预告

下播前，给出预告，吸引用户关注下一场直播。

• 留**"梗"**。想知道主播下一场会有什么新花样，下次直播见。

• **剧透**。透露下次直播的主题和部分福利。

8. 趣味实验

既要讲解商品卖点，又希望直播间多点趣味，趣味实验是个不错的办法。

很多主播的直播间经常会做趣味小实验。比如，在测温仪器下对比销售的裤袜和竞品的升温情况等。趣味实验会激发用户的好奇心，强化用户的信任。

 ## 派出高颜值小姐姐小哥哥就能留住人吗

"找高颜值小姐姐、小哥哥直播"的思路我能理解，但这种思路可能让你错失一些反思的机会。比如，你会以为不出单就因为主播颜值不够，然后不停找漂亮主播，却没法找出真正的原因。

高颜值主播在吸睛方面确实具有优势，但是百万 GMV 直播间的主播可不一定都拥有高颜值。与其在颜值上纠结，不如从这 4 个方面提升主播：人设、专业度、镜头感、表演力。

（一）人设讨喜，才能持续"黏粉"

先来复习一遍人设定位方法，如表 4-9 所示。

表 4-9

定位维度	示例
我是谁	个人品牌打造专家
目标用户是谁	渴望打造个人品牌的行业精英
提供什么产品	个人品牌课程、爆款案例拆解、商业实战分享、行业快讯解析、会诊咨询
解决什么问题	打开人脉瓶颈，有效链接高质量人脉
用户将得到什么	打开全新视野，实现思维升级，抓住最新红利

结合这个定位法，进一步细化主播的人设。比如同样是带货，"东方甄选"直播间的董宇辉属于"朋友＋导师"型主播，拥有大批忠实粉丝，他的粉丝大多愿意为情怀和才华买单；太平鸟女装的主播麦麦属于实干型主播，她推荐的商品和直播间同款很受欢迎。

要想人设讨喜，可以试着往一个特定方向发展，让粉丝更能真切地感受主播。

1. 妈妈型

善于苦口婆心劝告用户，让用户觉得实在、贴心。

2. 综艺型

能讲段子能唱歌，多才多艺，能满足用户的娱乐需求。

3. 导师型

深耕某个领域，积累了丰富经验，以专业、权威、知性形象示人，输出用户觉得有用的内容并吸引用户下单。比如"东方甄选"直播间以博学、才情打动网友的主播董宇辉。

4. 实干型

以精干的职场形象吸引用户，获得用户信任，促进用户下单。

5. "宠粉"型

亲和无距离，福利是重点！"宠粉"型主播能为粉丝带来很多福利和实惠，用户习惯一旦养成，用户的黏性会很强。

6. 教练型

敦促教育，帮助用户和粉丝成长，让用户在成长的感觉中快乐消费。

7. 朋友型

接地气、有亲和感的主播，没有主播包袱，不介意在屏幕前自曝缺点或展示真实生活，让用户有陪伴感、交流感，自然而然下单。

（二）专业扎实，自带说服力

直播间商品有很多不同的类目，主播要对直播间商品有较高的认知度，对行业知识要熟练掌握。

有了专业度，才能口出金句。比如美妆主播一句"你背 ×× 包包还不如涂 400 的 ××× 口红"，这种笃定来自主播对口红的敏锐感受，这种感受是长期积累而来的。围绕"专业"，主播可从这些方面发力。

1. 着装配饰

着装打扮契合品牌调性、直播间场景，便于展示产品。抖音直播禁止主播穿着暴露，禁止露出文身。此外，公职人员的特殊制服，比如警服等，不要随便穿（包括保安制服）。

2. 专业道具

准备专业道具，彰显自己的专业度。比如，卖奢侈品箱包、珠宝时佩戴手套。

3. 专业知识体系

多学习，了解产品，丰富知识储备。知识库一旦建立起来，就能极大程度上摆脱对脚本的依赖，再配合表情、动作等，形成观感舒服、自然的直播风格。

4. 专业术语

比如珠宝行业常用的"珠光""皮光""点位"，新媒体运营工作中常提到的"投流""起号""对标""GPM"（每千次播放产生的销售额）等。迅速串连一套专业术语，有助于主播在短时间内对某个行业建立基本的了解。

5. 专业操作

了解所销售的品类有没有什么特殊操作技巧。比如，卖茶具的直播间，主播展示紫砂壶时应该用手从下往上托起壶身，而不是从上直接抓取壶身。动作传递的细节很丰富，用户隔着屏幕也能感受到。

注意，行为规范方面，女主播不要向镜头前大幅度俯身等；男主播不要在直播间抽烟等。

6.避开违规话术

专业主播会在话术等方面，避开违规风险，让直播间处在健康可续状态。直播时，要避免使用"极词"（即形容商品级别的词）、跨平台引流、刺激消费、诱导"刷"礼物、说脏话及传播负面内容等，如表4-10所示。

表 4-10

不要说	可以说
使用"极词"、绝对化的词语： 最、第一、顶尖、国家级、全网最低价、独家、行业第一、绝对、特批、免检、百分之百、终身不坏……	我们来给大家展示一下这款商品的销量，总共卖了×××套了，在"某宝"一直排在前面…… 这款商品在行业内很受认可的，这是我们获得的证书、质检报告、荣誉奖项…… 给大家看看对这款商品的真实评价哈，这位网友说……
跨平台引流： 大家加我微信哈…… 这是我手机号……	大家有不懂的或者想继续交流的可以私信主播（或小助手）哈
刺激消费： 不会再便宜了，万人疯抢，抢疯了	还剩最后10份，最后5份，抓紧时间哈…… 拼"手速"的时候到了…… 平时没有这个价格的……
诱导"刷"礼物等： 大家给我"刷刷"礼物啊……	今天大家特别热情，送了好多礼物啊，感谢感谢……
涉政涉教、涉黄赌毒、涉迷信的话	—
脏话及负面内容	—

（三）镜头感好，传递亲和力

有时候看到有的直播间主播眼神飘忽或者不自觉低头，我真是着急。你都不看观众，怎么传递你的情感、情绪和真诚呢？镜头感好，主播在镜头前的分享才更加自在亲和。

1.把镜头当成观众的眼睛，说话时注视镜头

观众就是主播的朋友，主播要想着自己是在跟好朋友分享好物。注视的地方最好是镜头正中间往上1厘米左右的地方，这样瞳孔亮光会更明显，眼睛会显得更有神采，如图4-8所示。

2.录屏练习

对着手机进行录屏练习，熟悉流程，找出缺点。什

图 4-8

么时候可以忽略眼前的镜头和脑袋里的话术、流程，能够自然流畅地介绍产品，主播的镜头感就出来了。

3. 开放式手势

最好再增加一点肢体语言，建议大家多用开放式的手势。往里缩的肢体语言代表着不太自信，会显得主播特别拘谨。而向外打开的肢体语言向别人传递的是自信，自信是促进成交的重要武器。

（四）表演力强，才能点燃用户

主播要先点燃自己，才能点燃用户。怎么点燃？通过表演。

要善于通过夸张的表情、手势、声音表达，制造一种喜剧氛围。某男装直播间，通过几位有啤酒肚大叔的表演，使实时在线人数长期维持在几千人。主播的特色在于：

• 挺着啤酒肚的中年爸爸形象与笨拙的舞蹈动作形成"反差萌"。

• 爸爸主播们一边表演一边展示衣服弹力等，让卖点有看点，成功延长用户停留时间。

• 卖力表演的爸爸们引发用户爱爸爸的同理心，加之商品便宜，于是许多用户会毫不犹豫地下单。

直播间状态及观众评论，如图 4-9 所示。

图 4-9

这能给我们什么启发？可以总结公式如下。

主播表演力 = 形象 + 表情 + 情绪 + 动作 + 声音

• **形象：** 与用户对主播的固有认知反差越大，戏剧张力越大，但不能破坏主播的原有形象。

• **表情：** 越丰富、越夸张，对用户的情绪调动作用越大。拒绝职场假笑，主播自在舒适，用户看着才舒服。

• 情绪：主播不是机器人，可以有情绪！在不同的场景，要有对应的情绪起伏，如表 4-11 所示。

表 4-11

维度	情绪表现
直播间人气	直播间人比较多，用户热情高涨时，主播可以"嗨"一点，亢奋一点
直播环节	介绍产品安全性的时候，主播可以严肃一点，声音低沉一点
带货品类	低客单价快消品可以夸张演绎，高客单价产品要沉稳介绍

• 动作：肢体动作幅度可以比日常更大，带点娱乐效果更好。

• 声音：人多你就大声喊，人少你就平和一点慢慢聊。

普通主播平时如何练习，提高自己在镜头前的表演力？

一是，多观看表演力强主播的直播，录屏跟练，模仿其说话和举止；二是，每开播必确保自己进入直播状态，培养自己切换状态的习惯；三是，培养直播间"老铁"，多跟粉丝互动，找感觉，培育自信心，在互动中不断锻炼自己的表演力。

三 探店直播，带你去现场走一走

任何一个人，都离不开吃喝玩乐。这就是探店直播走红的最大理由。

接下来的一两年，探店直播还会如何发展？以真实场景取胜的探店直播，还有多广阔的蓝海？

（一）做好探店直播，需要练就"组合拳"

1. 类型选择

从探店类型上看，有内容探店和团购探店两种。两种探店形式各有特点。

• 内容探店：分析自己的真实进店体验，更容易建立鲜明人设、"吸粉""黏粉"，持续变现空间较大，但是对达人的内容创作能力、直播能力有较高要求。

• 团购探店：分享实惠的团购信息，对内容创作和直播能力的要求相对而言没有那么高，初学者更容易上手。团购内容包括美食、休闲娱乐、住宿、游玩、丽人、亲子、生活服务、运动健身等诸多品类，佣金率一目了然，从 7 日热销品中选择佣金率靠前的产品就可以了。

2. 细分赛道

目前，无论是内容探店还是团购探店，细分趋势都越来越明显。每一个大的赛道（比如美食）下，又包含十几个乃至几十个细分类型，这些细分领域还有很大的空间，如图 4-10 所示。

3. 个性化人设

仅选择了赛道还不够，如果不想被淹没在千千万万的探店达人中，个性化的人设非常重要。人设打造重点考虑这 3 点：你擅长什么，用户喜欢或欣赏你什么，用户或粉丝愿意为你擅长的内容或对你的欣赏付费吗？

图 4-10

> **示例**
>
> 某探店达人：厨师人设 + "探店躺币多，真假厨子说"口号 + 犀利点评。
>
> 效果：擅长厨艺，用户喜欢主播的犀利、专业点评，用户喜欢主播的内容并愿意下单购买。

4. 常态化直播

同等粉丝量的情况下，开展常态化直播的达人显然更具有带货能力。图 4-11 展示了同粉丝量级的达人中，开展了常态化直播的达人，场观和销售总额比其他达人高出很多。开展常态化直播，就是在培养用户习惯，塑造用户认知。

达人	直播场次	粉丝总量	平均场观	平均停留时长	平均UV价值	场均销售额	直播销售总额
	3	113.1w	246	28秒	0.00	0.00	0.00
	26	108.6w	1.5w	1分8秒	0.33	5,209.80	12.5w
	1	103w	87	3秒	0.00	0.00	0.00
	0	101.1w	—	—	0.00	0.00	0.00

图 4-11

（二）探店直播值得注意的 3 项细节

比起直播间带货，探店直播的不确定因素比较多。主播做探店直播，要注意这些细节。

1. 结算周期

与商家合作之前一定要确定结算周期，尽量选择结算周期稍短的商家合作，以免因周期过长引发不必要的纠纷。

2. 佣金比率

如果让你在佣金比率高的商品和销量大的商品之间选，你选哪一个？

要分情况判断。对于新手主播而言，选销量大的商品（人气更高）可以通过商品吸引一定的流量，就算佣金比率不是那么高，也值得合作。对于有经验、有一定粉丝基础的主播来说，佣金比率高的商品当然更有利。

3. 用额外福利讨好粉丝

如果能在直播时许诺的福利之外，额外为到店粉丝赠送福利，粉丝收获了惊喜，主播也能赢得更多粉丝好感，粉丝黏性将有所上升。额外福利简单好用即可，比如一次性雨衣（户外场景）、酸梅汤（吃火锅场景）等。

（三）趋势观察，探店直播还有哪些机遇

探店直播的一个明显趋势是细分化，另一个趋势是新颖直播形式的兴起，比如："剧本杀"、周边游和露营的直播。

1. "剧本杀"

目前，抖音的"剧本杀"直播规模并不大，这条赛道还有很大的拓展空间。

优势：沉浸感、娱乐性、互动性强。

"剧本杀"直播比较考验主播的人气，此外需要考虑如何拓展变现方式。

2. 周边游

受到一些现实因素的制约，周边游越来越火热。"周边游＋吃喝探店"成为一些主播的选择。

优势：吃喝＋游乐，立体还原生活体验；周边游需求较大。

要注意，周边游直播受天气、地理环境、信号等影响大，直播时间及时长无法保证，需要主播事先排练摸索。

3. 露营

2022年，露营设备卖得非常好。露营直播和周边游直播类似，近年受到用户，尤其是年轻用户的青睐。

优势：受年轻用户欢迎，沉浸式体验。

四 节假日直播营销全流程

每到大的节假日，服饰内衣、食品饮料、家居用品、3C 数码等大赛道都会涌现出一些令人意想不到的黑马。黑马是怎么来的，背后的商家都做了哪些准备？

（一）直播方案：好的规划是前提

围绕具体的直播目标，做好直播规划，并且用文字形式落实规划，形成一份方案，也就是直播方案。方案的主要内容，如表 4-12 所示。

表 4-12

事项	主要内容
直播目标	明确销售额、转化率、"涨粉"率等具体目标，逐个拆解目标
直播介绍	简要介绍直播主题、直播品类与品牌、直播时间、直播时长、直播形式、优势看点等
团队分工	协调人员分工：主播、助播、运营、中控等各司其职，氛围组准备妥当，客服、物流等后方人员准备到位
时间节点	明确筹备期、预热期及开播时间（开场、过品、返场及结束时间等）
产品梳理	梳理产品卖点；确定样品及摆放方式、样品展示顺序；提前预估销量，盘点主推品、爆品库存，确保货量充足
规划预算	细化直播活动所需的开支，说明直播预算（布景道具、筹划预热、引流投流、人员及场地开销等）

（二）直播宣传：怎么提前预热造势

要想火，先预热。

1. 短视频预热

至少提前一天发直播间引流视频，引流、投流两手抓。

引流短视频类型如下。

• **内容输出 + 信息植入**。这是一种带有广告性质，但看起来不像广告的短视频。视频前半段输出正常的短视频内容，只在结尾增加引流信息。

这类短视频比起其他引流短视频，因为营销性更弱、营销点后置等，更容易获得推流。

• **直接预热**。直接通过画面、主播出镜、字幕等形式，展示直播主题、时间，并透露部分福利内容，吸引感兴趣的用户预约直播间。目前，抖音平台上这类短视频推流较少。

• **直播间高光片段**。截取上一场直播的精彩片段,配合字幕等,吸引感兴趣的用户。目前,抖音平台上这类短视频推流也不多。

2. 其他媒体平台预热

在微信公众号、微博、今日头条等平台发布直播预告,介绍直播的时间、主题、主播、福利等。根据不同的平台特点,需准备不同的物料,比如如果需要发布微博,可准备九宫格图或宣传视频等。

3. 私域预热

在微信朋友圈、微信群、抖音粉丝群预热。发布倒计时海报,介绍直播的时间、主题、主播、福利等。

4. 账号信息预热

账号头像、账号头图、账号名称、账号简介中增加直播预告信息,信息至少要包含开播时间、直播主题等。

账号名称建议改为"品牌 + 品类 + 直播时间",如图 4-12 所示。

账号名称预热   "账号头像 + 简介"预热

图 4-12

(三)直播流程:做过款型直播还是循环型直播

带货直播的流程一般有两种:过款型直播和循环型直播。

1. 过款型直播

"过款"指直播时,主播按照排品顺序依次讲解商品,每款商品的讲解时间一般在 3 ~ 5 分钟。这样安排是为了让在任何时刻进入直播间的用户都能迅速领会直播间在讲什么,同时,点击小黄车按钮的用户自由浏览商品时也可能会自主下单。

过款型直播是现在最常见的一种直播,适合一场有 10 个以上商品的直播,多半是服装、美妆、零食、生活用品类的直播。

过款型直播的特点

过款型直播要注意什么，话术上要怎么安排？

首先，过款型直播容易出现这些问题：直播节奏被粉丝带着走，粉丝一问问题，节奏就乱了；直播时间不好控制，容易一件单品讲多了，后面节奏把握不好；直播没有重点，每款商品的讲解都变成产品介绍和产品说明；直播中总是出现突发状况。

这些问题其实是准备不足的问题，对于过款型直播，我们首先要做一张精确的时间表，写明每个时间段对应的商品，设闹钟或者安排其他人员来提醒，严格卡着时间点来，每 3 ~ 5 分钟过一款商品，重点品的讲解时间可以稍微长一点，每款商品可达到 5 ~ 10 分钟。

注意：不建议大家整点开播。整点开播容易和其他直播扎堆，这个时段很多主播在冲小时榜，流量获取难，我建议大家提前开播，比如提前 10 分钟。

过款型直播的流程

下面以 2 小时左右的直播为例，为大家拆解过款型直播流程，如表 4-13 所示。

表 4-13

时间段	内容	主播安排
19:50 ~ 20:05	热场互动	主播 A
20:05 ~ 20:35	第一组主推品（6 款）	主播 A+ 助播 B
20:35 ~ 20:45	第一组引流品（2 款）	主播 A+ 助播 B
20:45 ~ 20:55	活动介绍及互动	主播 A+ 助播 B
20:55 ~ 21:25	第二组主推品（6 款）	主播 B+ 助播 A
21:25 ~ 21:35	第二组引流品（2 款）	主播 B+ 助播 A
21:35 ~ 21:55	所有商品迅速"过款"	主播 B+ 助播 A
21:55 ~ 22:00	送福利、互动及预告	主播 B+ 助播 A

2. 循环型直播

循环型直播指整场直播一直循环推荐几款商品。一般的循环型直播，一场直播的单品数量大概在 10 件以内。直播时，主播按照周期循环讲解商品，比如 40 分钟为一个循环，讲解 7 款商品，之后再循环几遍。

循环型直播的特点

循环型直播的难点在于，在特定的直播时长内，要反复介绍所有的商品，所以时间怎么分配、怎么跟用户互动，都很重要。如果商品是决策周期较长的商品，那一款商品多介绍几分钟也可以，与此相应，每个环节的时间都要加长。

此外，由于循环型直播介绍商品的时间较长，讲解要详细，如果我们一直干讲，观众可能会觉得枯燥。我们可以适当准备一些辅助资料，比如高清的图片、视频及加大加粗的文字介绍或者权威文件等。

每讲完一款商品，可以很自然地过渡到下一款商品。等所有商品都讲完一遍后，我们可以根据评论区用户的需求，去讲大家感兴趣的商品。如果评论区没有用户提问，我们就可以按照正常节奏把所有商品再过一遍。

不用担心有的用户听过一遍，会嫌烦，我们完全可以用"啊，我看到新进来的朋友们想要了解 5 号链接，那我再跟大家介绍一下"，或者"有的朋友可能还不太了解 3 号链接中的产品，那我再讲一遍"这样的话术。

最后，由于观众是不断进出的，我们一定要注意，回答过的问题也要再次回答，介绍过的信息也要反复介绍，不要考验观众的记忆力。

循环型直播的流程

下面以 2 小时左右的直播为例，为大家拆解循环型直播流程，如表 4-14 所示。

表 4-14

时间段	内容	主播安排
19:50 ~ 20:05	热场互动	主播 A
20:05 ~ 20:35	主推品（6 款）	主播 A+ 助播 B
20:35 ~ 20:45	引流品（2 款）	主播 A+ 助播 B
20:45 ~ 21:15	主推品（6 款），第一次循环	主播 B+ 助播 A
21:15 ~ 21:25	引流品（2 款），第一次循环	主播 B+ 助播 A
21:25 ~ 21:55	主推品（6 款），第二次循环	主播 A+ 助播 B
21:55 ~ 22:05	引流品（2 款），第二次循环	主播 A+ 助播 B
22:05 ~ 22:10	爆款返场、送福利、互动及预告	主播 A+ 助播 B

（四）直播落地：直播间设置要注意哪些细节

1. 直播标题

直播间标题就像口号，喊得响一点人气才更旺。

• **圈活动**。标题中直接点出节假日活动，营造满满节日福利"大促"氛围。

示例

"618"好物节，超多"浮力"等你来！（节日+福利）

开启"618"，错过等半年！（节日+紧迫感）

女王节"大促"活动进行中，快来直播间！（节日进行时）

• **透福利**。这类标题一般带有"宠粉""狂欢""浮力（福利）""大放送""特惠""降价""补贴""买×送×"等字眼，直接表明直播间有福利和优惠，再通过"手慢无""快来"等营造紧迫感。

示例

"浮力"不止，宠粉不停！（福利）

抖音好物节，×××宠粉狂欢~（活动+福利）

"双11"全面降价，错过不返场，手慢无！（福利+紧迫感）

买纸尿裤，送电动汽车！（主打商品+赠品吸睛）

尖货抢先抢，×××口红到手89元！快来直播间！（直播主题+引流品吸睛）

×××拍1发13，沐浴露排行榜第一名！（福利+商品卖点）

别点，点就省钱！（反向透福利）

• **夸产品**。高调秀出产品功效、销量、真实排名、卖点等。

示例

月销100万单的淡斑面膜。（销量+功效+主打商品）

××氨基酸洗发水"五一""浮力"返场，要被抢光啦！（主打商品+活动+紧迫感）

××机首发，快来直播间抢！（主打商品+紧迫感）

100%棉T恤19.9元开抢。（主打商品+价格）

"五一"冲冲冲，这么穿显瘦20斤！（节日+卖点）

• **秀主播（明星）**。告知用户高人气主播加盟或者主播同款等信息，提升热度和点击率。

示例

官宣！跟着×××买喷雾~全场"浮力"！（主播+商品+透福利）

×××"618"狂欢购，快囤"姐姐"同款！（活动+演员同款）

• **喊话用户**。指出痛点和痛点用户，直击精准人群。佐以福利、活动等，效果更佳。

示例

油头姐妹进！×××"浮力"加"氛"。（痛点人群+福利）

×××夏日焕肤"宠粉"专场，油痘肌姐妹看过来！（活动主题＋痛点人群）

30岁微胖，第一次穿得这么显瘦。（人群＋痛点＋卖点）

• **秀工厂**。做工厂直播的伙伴不妨在直播标题中带上"工厂""源头"等字样，因为"工厂"一词本身就自带说服力，给用户一种"没有中间商赚差价"的感觉，用户会认为直播间商品便宜且靠谱，很快降低其信任门槛。

示例

×××工厂甩货清仓！（工厂＋"大促"）

×××源头工厂正在直播……（源头工厂）

×××家居工厂，捡漏的来。（工厂＋品类＋福利）

×××皮草工厂反季，王炸！（工厂＋品类＋活动）

2. 直播封面

封面就是门面。直播间封面好看，用户才愿意点进去。

• **突出主播型**。适用于自带人气或高颜值的主播和对应直播间，通常使用主播的半身照作为封面，再添加简单的文字展示直播主题。还有的品牌会选择知名人士的照片作为直播间封面，这样做的前提是获得对方的授权。

• **主推产品型**。以产品作为封面的最大卖点，通常主推快消品，有比较庞大的用户基数，如图4-13所示。

| 放大标志性产品吸睛 | 数字凸显"福利＋卖点" | 产品礼盒，营造惊喜感 |

图4-13

主推产品型封面设计小技巧：产品堆积且放大居中，制造实惠"大促"感（适用于客单价较低的产品）；拍1发多，配合卖点，让用户出于好奇和占便宜心理点击进入；产品礼盒，搭配大的营销节点的文案，显得体面大气，买来送礼又实惠。

• **文案海报型**。整合品牌 logo、节假日日期、"大促"文案等营销信息，设计成海报，这样的封面十分直接，能够吸引感兴趣的人群，如图 4-14 所示。

强营销文案＋透福利　　数字突出"大促"节点　　大号居中文案突出主题

图 4-14

文案一定要简短有力！由于包含多个宣传要素，最好只选择一种宣传要素放大，作为主要视觉营销点。

• **效果展示型**。以模特或主播的上身穿搭、使用后的可视化效果图作为封面，好处是简单直接、有说服力，直接吸引精准用户，如图 4-15 所示。

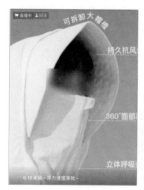

穿戴效果　　　　　　手持效果

图 4-15

（五）直播复盘：重要指标看什么

1. 数据复盘

直播结束，等数据出来后，就可以进行直播复盘了。复盘时可以从流量、内容、粉丝、转化 4 个维度进行复盘。核心数据的自查清单，如表 4-15 所示。

表 4-15

维度	主要指标	自查清单
流量	场观及趋势变化	• 有没有开启定位 • 直播间标题、封面吸引力 • 有没有设置直播话题，直播话题是否有效"蹭热点" • 账号名称、简介、头图等是否包含直播信息 • 账号是否设置了直播预告 • 引流短视频效果如何 • 有没有出现断播情况 • 开播时间是否固定 • 自然流量与付费流量占比 • 投流是否准确 • 直播间有没有被限流
内容	人均观看时长	• 话术是否有吸引力 • 主播状态如何 • 主播互动情况如何 • 直播间节奏是否张弛有度 • 直播间音乐、气氛组是否到位 • 主播语速有没有过快或过慢，声音是否随直播间氛围而变化
粉丝	粉丝看播率、涨粉率	• 直播时间是否与粉丝活跃时间高度重合 • 邀关注话术有没有经常挂在嘴边，话术是否需要优化 • 粉丝群运营是否有待强化（预告、打卡、抽奖、福利等） • 有没有设置粉丝"拉新"奖励
转化	GPM、GMV	• 产品 SKU 是否需要调整 • 是否有效提炼产品卖点 • 对比竞品，价格优势在哪里 • 排品顺序是否需要优化 • 促单话术、氛围组配合得如何 • 客服响应怎么样，回复是否积极 • 复购奖励方案实际效果如何

2. 视频回放

与团队一起回放直播录屏，讨论细节和优化方案。

3. 用户交流

粉丝群调研：询问粉丝看播感受、期待哪些产品，鼓励粉丝提意见。

问卷调研：采集粉丝"愿望清单"，据此调整选品及直播时长分配等。

第五章

让人忍不住"剁手"
的直播带货话术

直播是一门说话和表演艺术，主播就得"说得比唱得好听"。

 上播常用的 8 种话术拆解

新手主播经常面临这样一个问题：上播不知道说什么。这里我送大家一些实用话术模板，包括暖场话术、"拉停留"话术、提升评论话术、关注加团话术、商品点击话术、商品成交话术、上下链接话术、感谢话术等。

（一）暖场话术：先把场子热起来

1. 自我介绍：让初学者逐渐变"老铁"

自我介绍是直播开场的万能话术。虽然有一部分老粉丝可能知道你是谁，但是一个有趣的自我介绍不仅能缓解开场的尴尬，还能让直播间新来的粉丝快速了解你。

示例

大家好，我是秋叶大叔，一个中年网红，擅长 PPT、社群营销、新媒体、直播等，新来的小伙伴可以点个关注，我以后会直播教给大家一些很实用的知识技能。

也可以更幽默风趣一点。

示例

（1）大家好，我就是那个传说中把 PPT 用到极致的男人。

（2）各位小伙伴好久不见啊，我是春节"宅家"10 天，出门从不超过 10 分钟，移动范围不超过 10 米的主播 ×××。

或者，如果你是新主播，你可以诚恳地作如下介绍。

示例

大家好，我是一名新主播，还有很多不懂的地方，如果有什么地方做得不够，希望你们多多见谅，感谢大家的支持。

2. 破冰话术：打破尴尬，轻松互动

主播要热情，用热情的话术和动作欢迎进入直播间的用户。用户和你产生了互动，就愿意多留一会儿。路过的用户看到直播间很活跃，也会怀着好奇"主播到底有什么魅力"，忍不住多停留一段时间一探究竟。话术如表 5-1 所示。

表 5-1

类型	话术
点名	欢迎×××进入直播间，咦，这名字好有意思啊
致谢	欢迎×××，每次上播都能看到你的身影，真的特别感动
共同话题	欢迎×××，看你的名字，你是×××人？咱们可能是老乡哦
找目标	×××，你也是冲着学习咱们的 PPT 技巧来的吧
夸观众	欢迎×××，看你说话，觉得你是一个热情善良的人
"拉关注"	大家晚上好，喜欢我的朋友们请动动你们的小手，点击我的头像，点点关注，这样就可以随时随地来看我的直播啦
"拉互动"	来，大家打个"晚上好"，让我感受一下你们的热情

直播刚开始时，如果不知道说什么，可以随便问点问题来带动粉丝互动，这能够迅速调动粉丝的积极性。话术如表 5-2 所示。

表 5-2

类型	话术
问状态	大家能听到我的声音吗，能听到的冒个泡
	有在线的朋友吗，帮我看下画面卡不卡
圈人群	咱们直播间有宝妈或者是上班族吗，有的话冒个泡
	问下直播间的朋友们，是学生的给我"扣""学生"，是上班族的给我"扣""上班"，是宝妈的给我"扣""宝妈"。哦，我看到有很多人是宝妈，那宝妈想学习什么技能呢
	直播间来了××人，该不会都是机器人吧？如果不是机器人就冒个泡，说说大家都有哪些护肤需求呀

3. 直播主题介绍话术：吸引精准用户

开门见山，直截了当地表明直播的主题，可以吸引精准受众。公式如下。

直播主题 + 利益点 + 时长

具体示例如表 5-3 所示。

表 5-3

类型	话术
时长 + 利益点	大家好，今天晚上的这 60 分钟的课程，我会带给大家 3 点收获
	各位小伙伴，现在是 8 点整，欢迎大家来到我的直播间，今天晚上的课程是 45 分钟的 PPT 课程，帮你轻松搞定年终总结
主题 + 利益点	今天来给大家分享几个汽车保养小技巧，学会了你也可以是汽车保养达人

（二）"拉停留"话术：如何开口留人

1. 福利预告

谁都喜欢福利。开场就先抽一次奖，不论奖品、红包大小如何，粉丝总会抱着侥幸心理试一试，如表5-4所示。

表5-4

类型	话术
约定条件	今天主播给大家带来的福利是×××，宝宝们不要走，5分钟后福袋抽奖就要开始咯
	来，宝宝们，我们直播间今天给大家准备了×××。直播间点赞超过×××个，给大家上福袋
	直播间在线满×××人，主播给大家上福利
机不可失	待会儿我们"过款"速度很快啊，数量有限，拍完就没了，大家一定要守在屏幕前啊
	今天是清仓专场，所有库存都会清掉，一件不留！大家不要着急，一定要留在直播间，以免错过你想要的那件
	宝宝们，来得早不如来得巧。主播刚从厂家那里拿了一批×××，福利价格给到大家，小伙伴们千万别走
喊话初学者	看到很多新来的宝宝啊。新来的宝宝冒个泡，我按照人数给大家上福利
	欢迎××（网友名字），欢迎××，看到新来的宝宝很多啊，那这样，5分钟后主播给大家上一波福利
强调频率	每过10分钟我们的直播间就会抽一次奖，奖品是价值999元的×××，大家一定不要走开啊，留下来有中奖机会哦

2. 产品预告

迅速介绍商品卖点，但不上架，吸引感兴趣的用户停留，如表5-5所示。

表5-5

类型	话术
提供可选项	想要左边这件的"扣左"，想要右边这件的"扣右"，我们按宝宝们最喜欢的上
	左边这套好看，还是右边这套好看？选择权交给宝宝们
爆款预告	想要×××款的宝宝不要走开，你要的款我们马上就上
	前面那个宝宝一直说想要这款，你眼光很好，这是我们的爆款，你等几分钟，下一款商品就是它
价格吸引	来，宝宝们，这个大号的，日常价格是不是至少得七八十？待会直播间29.9给到大家

3. 抽奖

抽奖是很好的互动留人方式，抽奖活动可以快速提升直播间人气和氛围，如表5-6所示。

表5-6

类型	话术
抽奖提醒	废话不多说，先来抽波奖。大家可以把直播间分享给自己的好友，这样会提高你中奖的概率哦
	还有15秒钟福袋就要开了，姐妹们赶紧点啊
	大家晚上好，我们给直播间的朋友准备了一份见面礼，点击左上角的福袋有机会中奖哦。抽完奖，我们就开始今天的正式直播内容
强调机会多	欢迎大家来到我的直播间，现在是7点58分，8点的时候我们会抽大奖，送出10个价值199元的现金红包，大家可以期待一下。现在人不多，中奖概率还是很高的哦
宣布抽奖结果	恭喜×××中奖啦，运气真好！你获得了我们的××手机。没有中奖的伙伴不要着急哦，后面还有抽奖等着大家

4. 娱乐

适当表演才艺可以快速点燃直播间氛围。才艺表演不是非要有多专业，主要是让粉丝有新鲜感，图个乐，不用太在意表演的好坏，如表5-7所示。

表5-7

类型	话术
娱乐预告	大家千万别走开啊，直播间在线人数到2000人，我给大家唱首歌
	看到评论区很多老粉要求我表演一个节目啊，没问题，待会儿讲解完产品，主播给大家整一段唱跳
引发互动	觉得主播唱得好的，别忘了"扣"个"好"哦

5. 共情

择机共情，可以拉近你和观众的距离，增强用户信任感和忠诚度，如表5-8所示。

表5-8

类型	话术
感谢相遇	作为一名曾经的重点中学老师，现在能带领大家读书，让大家喜欢上阅读，最终热爱生活，这是我的幸运
身份代入	你小时候是不是也期盼有一个晚上，妈妈能在台灯下给你讲这些有趣好玩的故事

续表

类型	话术
展示脆弱	我曾经陷入抑郁，整夜失眠，后来是这本书救了我
	我曾经吃亏上当，直到后来慢慢跑通了整个产业上下游，现在才能把这些优惠给到大家

（三）提升评论话术：让评论滚滚来

缺少互动的直播间没有灵魂。评论区越热闹，观众越不想走。

1. 评论有奖

引导用户评论并承诺给出奖励，如表5-9所示。

表5-9

类型	话术
评论免单	拍了的宝宝，评论区告诉我好不好看。接下来我们来一波截屏抽免单的活动
评论领券	把"秋叶PPT"打在公屏上的宝宝们注意啦，主播给大家发优惠券啦
奖励等待	现在"扣想要"的伙伴们看好了！原价499，立减80！没拍到的"扣没拍到"！（继续介绍产品，1分钟后）刚刚没拍到的宝宝，现在"扣想要"有限时优惠，倒计时五、四、三、二、一，419改价
选择奖励	说好了人气起来了就送福利，大家想要这件百搭T恤还是遮阳伞？评论区告诉我，选哪个的多，主播就送哪个

2. 想要，来"冒泡"

借助商品的吸引力，激发用户评论互动，如表5-10所示。

表5-10

类型	话术
选择产品	给看了这么久的宝宝送福利啦！想要淡水珠的"扣淡水"，想要海水珠的"扣海水"，评论多的我们就上链接
询问态度	这套书大人小孩都喜欢，在5号链接，想要的"扣'要'"
引导用户问库存	今天是清仓专场，每款衣服都只有几件了，拍到就是赚到。想要的宝宝可以在评论区问
福利吸引	想要我们福利的宝宝们，喜欢的"扣"个"喜欢"，想要的"扣"个"想要"，我们的助理小哥哥好去给大家准备库存

3. 买完秀出来

鼓励用户买后"晒单",告诉其能获得什么具体奖励,或者通过表示"很多人没拍到"等,使已经下单的用户产生优越感,从而主动在评论区"秀"出来,如表 5-11 所示。

表 5-11

类型	话术
"晒单"送赠品	买完回"已拍"的宝宝,主播额外送你一包 500ml 的洗衣液
"晒单"送福利	拍到的宝宝"扣"个"拍到",我看看多少人抢到了。助理小哥哥注意,回复的宝宝安排优先发货
"晒单"有优越感	怎么那么多人说"没拍到"?助理小哥哥统计一下库存,来,我看看有多少人抢到了
	拍到的宝宝,3 遍"开心"给我"扣"到公屏上

4. 用户问答

问答也是促使评论的有效方式,如表 5-12 所示。

表 5-12

类型	话术
体贴服务	有宝宝不清楚自己穿哪个尺码?不清楚拍哪个尺码的宝宝,把身高、体重打出来
回答有奖	卖得贵是有道理的!有伙伴知道这种水果的原产地是哪里吗?答对的宝宝,免费送你一盒尝鲜
热情回复	我看到 ××× 在问,裙子的长度到哪里,怎么搭配衣服。是这样的,×××,如果身高是……(解答问题,促进互动)

5. 没拍到的,给机会

号召没拍到的观众在评论区互动,并给予奖励,如表 5-13 所示。

表 5-13

类型	话术
加库存	没拍到的回复"没拍到",运营小哥哥给大家加库存
吊胃口	有哪些宝宝没拍到?这样好不好,我让助理去申请加货,现在我想先看看大家的热情

(四)关注加团话术:不放过每次"涨粉"机会

直播间培养用户归属感,最直接的方法就是引导用户关注、加团。下面介绍几种常见加团话术。

1. 强调粉丝专享

为什么用户要关注你？明确关注行为的利益点，可以快速引导用户关注、加团，如表 5-14 所示。

表5-14

类型	话术
专属礼物	点了"关注"的宝宝，下单这条裙子后我立马再送你一条价值 ×× 元的腰带，再送一个主播同款的发箍
	点"关注"加入粉丝团，粉丝团 10 级成员有专属礼物可以领哦
下单优惠	点了"关注"的"友友"们，只要你是我们的粉丝，这套 ×× 牌的床上 7 件套，主播自己贴钱给到你
	新来的宝宝注意啊，现在点"关注"、加粉丝团的宝宝们，这件衣服粉丝特价给到你
粉丝特权	看到一位粉丝宝宝在问？放心，主播给大家优先安排发货 / 不要运费 / 赠送运费险 / 免费试用，7 天无理由退换
	来，姐妹们，优先发货要不要？运费险、免费试用要不要？想要的宝宝是不是都点了"关注"
	优惠没有办法雨露均沾啊！库存有限，只能给到点亮了粉丝灯牌的宝宝
强调人设	我们直播间开播 3 年了，带货口碑一直很好，大家如果喜欢 ××，都可以关注我们。"老粉"都知道，我们直播间经常有福利送
	熟悉我的粉丝都知道，我这个人很直，我们直播间也是"所见即所得"，链接都是长期挂着，不存在货不对板的情况啊
开识别器	来，打开后台识别器的录屏功能，所有点了"关注"、点亮了粉丝灯牌的宝宝，都识别记录下来，精准点对点上库存
点名送礼	我看看是谁点亮了粉丝灯牌的，是 ××× 小宝贝。来，给 ××× 送一包洗衣液

2. 表示关爱

主动表示关爱，用你的关爱打动用户，用户会主动点"关注"、亮灯牌。关爱的 4 个维度：①我贴心，懂得你；②我热心，满足你；③我真心，不坑你；④我用心，记得你。示例话术如表 5-15 所示。

表5-15

类型	话术
我贴心，懂得你	身高 160 厘米，48 公斤的宝宝，这件你穿 M 码绝对好看
	身高 160 厘米的话，裙子正好到小腿肚，配一双中低跟凉鞋，绝对很仙

类型	话术
我热心，满足你	这条链子怎么搭？我马上演示给你看
	还有小姐姐不懂这条链子的3种戴法，那我再帮大家演示一遍，大家可以截屏备用哦
我真心，不坑你	宝宝先不着急下单，领一张10元的无门槛优惠券再下单，更划算哈
	你想要更××的，我推荐你拿那款，那款价格差不多，但××方面功效更好
我真心，不坑你	着急拍错了的，拍了日常价的，没关系，我们全额退。看好我们新上的链接，对，拍这个就行。了解我的都懂，我是个实在人
我用心，记得你	×××小姐姐，我记得你，你上次说想要一个×××款，结果我们没货了。来，助理小哥哥，专门给×××上一个链接。小姐姐你自己去拍哈（助播：哇，我们的主播好细心呀，这都记得）

3. 趣味话术

想要用俏皮的方式引导用户关注，可以使用趣味口令，如表5-16所示。

表5-16

类型	话术
趣味口令	点关注，不迷路
	天若有情天亦老，来"波"关注好不好
	万水千山总是情，点个"关注"行不行
	关注"走一走"，活到九十九；礼物"刷一刷"，主播乐开花

4. 求帮助

拜托用户关注自己也是一种方式，这样做的前提是有一个得体的理由。讲出话术时，要自然而然，观众往往乐意帮这个忙，如表5-17所示。

表5-17

类型	话术
明确目标，告知结果	来，大家帮个忙，15:45主播想冲一下榜，宝宝们"关注"点起来，灯牌亮起来。来，小助手统计一下关注的朋友，多一个关注多上一款19.9的×××
	今天我们直播间冲10万粉丝，宝宝们，能不能冲到10万就看你们了！主播今天晚上是吃麻辣烫还是加鸡腿就看宝宝们了

（五）商品点击话术：狠狠营造产品价值

1. 我是专家，我的推荐准没错

专家说话，站位要高，既要抬升自己，又要表示希望让利给观众。综合下来，营造一种"我是专家，我的推荐准没错"的氛围，如表5-18所示。

表5-18

类型	话术
专业讲解	×××海水珠，来自日本濑户内海一带的马氏贝。喜欢珍珠的都知道，马氏贝比较小，一个母贝只能产出一颗×××珍珠。市面上超过9mm的×××珍珠相当少
抬高自己	不懂货的不要拍，好的××不用卖给所有人，只需要卖给懂的人
	记住，我不是在带货，是在分享。如今原材料价格普遍上涨，水涨船高，有钱不一定能拿到这么好的产品
利他分析	生意要想做得好、做得久，靠的是利他。我给你的价格不到市面价格的三分之一，这样你会记得我，会真的想和我做朋友，会继续来我直播间。我们要做的是相互成就，不只是相互成全
	我这里没有便宜货，但是我愿意高货便宜卖给你们，让你们记住这个宝藏高货直播间

2. 营造场景，狠戳痛点

我们不能光介绍产品，一定要说出用户的痛点，他们才会更自觉地对号入座。

3个维度，紧紧抓住用户心理：①找痛点，也就是用户担心、忧虑、害怕的事；②挠痒点，鼓励用户及时行乐，有需求就满足自己；③造爽点，让用户感到"有了××，生活更美好"。示例话术如表5-19所示。

表5-19

类型	话术
找痛点	有那种经常熬夜，早上起来眼睛肿的朋友吗？就化妆都遮不住的那种。其实这个问题，用对眼霜就可以解决
	不会搭配的宝宝们，皮肤黑的宝宝们，偏胖的宝宝们，你们是不是很难找到适合自己的衣服？我跟你说，你们没错，是选的衣服错了
挠痒点	快到国庆节（"五一"、母亲节、春节等）了，朋友聚会、同学聚会是不是少不了一件衬你身材气质的衣服啊
造爽点	我跟你讲，你穿这件去，妥妥的"C位"。能不能脱单就看这件了啊
	放在西服上、风衣上，都很好看
	送妈妈、送姐妹、送朋友，谁不夸你懂得生活、有品味，还好心呢

3. 爆款产品，谁买谁懂

如果产品本身就是爆款，那就高调秀出数据，"爆款"两字本身就有说服力，如表 5-20 所示。

表 5-20

类型	话术
销量冠军	给大家看一下销量排行啊，我们家这款 ×× 复购第一名，为什么这么多人复购？因为货好啊
网红同款	这款，宝宝们，×× 同款
真实成绩	这款上架以来卖出超过 2 万件，口碑很好
主播自留	我自己用的也是这款 ×× 啊，确实很喜欢它

4. 产品硬核，谁买谁好

对于用户不熟悉，或者不能用视觉呈现的产品卖点，可以通过有效成分、工艺原料、硬核科技、坚实口碑、价格优势、名人代言、同类对比、适用范围、现身说法、郑重承诺等强化产品卖点，如表 5-21 所示。

表 5-21

类型	话术
有效成分	这款眼霜里面含有维生素 A 衍生物、多肽、活性成分提取物、果酸、生长因子、灯盏细辛等，这些都是很有效的……
工艺原料	这是来自新疆阿克苏的长绒棉，纤维长度在 38 毫米~39 毫米之间，普通棉花的纤维长度只有 30 毫米左右，跟这个比不了的
硬核科技	这款眼霜是由法国著名的美妆研究所 ×××，历时 3 年研发出来的一款"王炸"产品，专门针对 25 岁至 30 岁的初老型肌肤，对抗眼部细纹特别有效
坚实口碑	我们来看下评论哈，看到了吗？这位网友说用完了一瓶，感觉变化很明显。还有一个网友说，能明显感觉到早上起来眼睛不肿了。这都是我们随便一翻看到的评价，都是真实的，大家不信的话，可以自己去网上看一看，这款眼霜好评率超高的
价格优势	这款眼霜，旗舰店和专卖店的日常价格都在 500 以上，今天我们直播间直接给到大家 299，惊不惊喜
名人代言	这款眼霜是 ×× 代言的，很多名人都在用。你们去"某红薯"上看，不少博主都在推荐。是除了小贵真的没毛病，但仔细算算其实也不贵，一瓶眼霜 299，可以用一年，一天一元钱都不到

续表

类型	话术
同类对比	我们找来了市场上的另外一款××，价格是差不多的，品牌我就不说了哈，我们现在涂抹一下，看一下区别。看到了吗？我们这款明显就特别润，不搓泥，吸收很快，但那一款就……
适用范围	这款眼霜就适合那些经常熬夜，然后早上起来肿眼泡的女生，真的。你睡前涂一下，早上起来能明显感觉到眼睛没那么肿。25～30岁的人用都合适，真的是"熬夜党"的救星
现身说法	给大家看一下，我这瓶已经快用完了。像我每天晚上直播，差不多都是忙到凌晨两点才能休息，但是用这个，我早上起来眼睛就不会肿，这已经是我用的第三瓶了
郑重承诺（运费险、7天无理由退换、坏果包赔等）	这款眼霜我们是赠送运费险的，支持7天无理由退货。并且，今天买正装，我们是送两个小样，如果说你用了小样后觉得不好用，没关系，小样就当是送的，你还可以申请7天无理由退正装。大家真的可以放心购买

（六）商品成交话术：有效推动用户购买

1. 成本拆解：这个价格划算

光说产品便宜，说服力不够，如果把成本一一拆解，加起来的数字大大超过产品的卖价，用户就会觉得：真值，买！示例话术如表5-22所示。

表5-22

类型	话术
铺垫话术	原则上来讲，这样的版，这样的款式，加上这样的价格，自然而然会有人买。但是，我必须要让你知道今天这个价格能帮你省多少钱，这样你才能记住是谁给了你这波惊人的福利
逐步拆解	原版2400，档口批发拿货价格2580，零售卖4000很正常……姐妹再看看，这工艺，这种工艺的衣服价格都是四位数起步吧。这面料，这裁剪，这版型，低于四位数你到哪里买？还有我们的人工、运营费用，成本要不要钱
只收零部件的钱	这条加粗加厚的金链子，成本是不是得800？加上金贴片，要1000。天女级别10mm的珍珠，价格四位数起步。来，这样吧，今天大家很热情，人也多。我就让一步，珍珠当我送你体验，金链子我贴钱给你
用×次就回本	姐妹们，你去做保养，一次是不是要几千元？这么好用的按摩仪，用2次就回本了吧
一天只要××元	平均一天不到1块钱，就能提升自己、改善体态，你说划不划算，值不值得

2. 价格竞猜：这个价格超值

有时为了增进互动，在成交环节可以引导用户猜价格，当产品的真实卖价低于观众的普遍预期时，观众下单会更爽快，如表 5-23 所示。

表 5-23

类型	话术
先抬后猜	这个成分，这个效果，大家猜价格得多少？某大牌成分含量相同的产品，一瓶将近 1000 元，这款你们猜猜多少钱
营造惊喜	我跟厂家申请到了一个专供的价格，你们猜是多少？只有咱们直播间有这个价
猜对有奖	大家猜猜价格是多少，猜对的我给你安排拍一发二

3. 平台对比：这个价格够低

价格锚定和对比能直观说明产品的价格优惠力度，从而有力推动用户下单，如表 5-24 所示。

表 5-24

类型	话术
同版拿货价	听好姐妹，同版的东西，拿货价格 1980
"拉踩"竞品	别拿任何市面上的版本、某地产的版本、拿货价格七八百元的版本和它比
细节描述	有个同行，把这个做成圆的了。姐妹们，那种圆的你要注意透不透，光感行不行，否则就是"一眼假"
对比线下线上	这件大衣，线下门店 2000 元起步，某平台搞活动，价格是 1980 元。我之前直播间给的什么价格？1799 元，现在都不要了！1599 元不要，1499 元不要！原价 2000 元，现在四位数不要，900 元也不要！改价格，今天所有"扣"了"要"的女生，这件衣服到手价 799 元！五四三二一，上链接
虚晃一枪	这个质量，××牌是不是至少要四位数？也有可能是我看错了啊
比同类直播间	看到粉丝宝宝说在其他直播间买贵了，是的，这款在一般的直播间都在 1000 元以上。今天主播确实能给大家超大福利。来，799 元拼手速、拼网速

4. 限时限量：购买机会必须抓

限时限量，再配合快节奏音乐营造抢购氛围，让用户觉得机会难得，必须抓住，如表 5-25 所示。

表 5-25

类型	话术
库存不多	900 多个姐妹在线，但我只能上 20 件。主播也没办法啊，库存有限
时间不多	来，倒计时准备。姐妹们注意，只有 5 秒钟，我们这次不限单，抢到就是赚到。我看看有多少宝宝为了这条裙子等了一晚上
机会变少	只剩最后 7 单，最后 7 单，哦，最后 3 单！想要的宝宝们抓紧了
正话反说	还在犹豫的，不相信的，说这个价格太便宜，没办法拿到正货的，千万别拍！本来机会就不多，你就把机会让给懂货的人吧

5. 产品挑战：让不可能变成可能

通过特殊场景、实验，让用户觉得"哇，没人敢这么试""哇，这也能做到"，从而有力说明自己的产品"杠杠的"，如表 5-26 所示。

表 5-26

类型	话术
另类展示	来，把裙摆打开，再次让姐妹们感受一下震不震撼。在我没有打开裙摆之前，全平台没有几个敢怼镜头开裙摆的。你看看那些卖七八百元的，裙摆有多宽，再看看我们家的
现场实验	姐妹们，我的脸涂了颜料的啊，是不是没人相信这款粉底能遮住颜料？好，我们一起来看一下行不行
	说实话，我的手都在抖啊。姐妹们，这么多人同时在看，万一遮不住，主播怎么收场
	姐妹们，姐妹们，看到了吗？遮住了！是不是一点儿都看不出来？超强遮瑕力，这个遮瑕力放在市面上"很能打"的

6. 约定条件给优惠

设置低门槛条件，用户做到就给予优惠，让用户有参与感，还觉得划算，如表 5-27 所示。

表 5-27

类型	话术
点赞优惠	屠龙刀自砍一刀，你敢赞我就敢降！点赞满 2 万，价格直降 200
评论优惠	把你们的热情"扣"在公屏上，所有发了"想要"的，原价 180 不要，活动价 149 不要，直接 129 包邮给到你
限时优惠	很多宝宝在评论区说没抢到。没抢到的话，我们再帮大家加一次库存，限时 5 秒，价格 99 元，大家赶紧拍
关注优惠	点了"关注"、加了粉丝团的宝宝注意啦，点上面领优惠券，享受我们 59 元的福利价啊

7. 诊断

讲出用户的难处，化解用户的疑惑，从而推动用户下单，如表 5-28 所示。

表 5-28

类型	话术
担心价格	说实话，这个价格确实不便宜。如果我自己突然看到一个直播间，3 斤的葡萄卖这个价，我也会嫌贵。宝宝，你是不是也有这种感觉？……
担心效果	来，有多少宝宝担心用了没有效果的？……
担心真伪	好，想买的宝宝很多，是不是有宝宝担心是不是正品？……

8. 品牌背书：强化信任

抬出品牌，让用户了解品牌方参与的环节，比如品牌活动、品牌发货等，能进一步强化信任，如表 5-29 所示。

表 5-29

类型	话术
表明目的	我们是品牌直播间，这个价格给到大家，就只是为了做推广、做品牌宣传
价廉物美	这是给到大家的体验福利价，但产品是加大加厚设计的。大家放心拍
品牌发货	大家记住啊，这是品牌方直接发货，日常价 199，主播限时福利价 169，宝宝抓紧时间拍

9. 教如何下单：行为引导

在镜头前一步步教如何下单，从行为上引导用户，如表 5-30 所示。

10. 肯定下单行为：引导迟疑用户模仿

当一只羊跳过山崖的时候，后面的羊也会跟着跳过去，这就是羊群效应。我们看到用户回复"已下单"，一定要点名鼓励，这样其他心动的用户会陆续跟着下单，如表 5-31 所示。

表 5-30

类型	话术
步骤演示	很多宝宝是第一次来我直播间，来，我教大家怎么下单。先点击屏幕左上角的"关注"，然后点击下面的小黄车按钮，选择 1 号链接，直接下单就可以
给出承诺	如果收到货不适合也没关系，7 天无理由退换货、运费险给到你。如果你拍了觉得不合适，直接退，我们是免费试用的。在我的直播间，就是买得安心，买得放心

表 5-31

类型	话术
话语鼓励	看到 ××× 说已经拍到了。好的，谢谢你的支持，眼光很好哦。来，我们的运营小哥哥帮 ××× 安排优先发货。买过我们家宝贝的姐妹都知道，我们是一个只卖好货的宝藏直播间
实物奖励	拍到的姐妹可以发"已拍"，我让运营送姐妹一条腰带

（七）上下链接话术：营造紧张促转化

1. 上链接

上链接前，通过改价、倒计时、加单（即补充库存）等动作，营造抢购氛围。这时，副播、助理等可以一起配合喊口号，如表 5-32 所示。

表 5-32

类型	话术
改价	在珠宝店买价格得是四位数吧？日常价卖三四千是不是很正常？批发价至少也要两千。今天福利大放送，不要四位数，不要 999，只要 888，改价
倒计时	外面卖一百多，我这里"地板价"给大家。一个不留，想要的"扣要"。来，五四三二一，29.9 上架
加单	还有几百个宝宝在等？来，给大家加库存，五四三二一，上链接
	（助播：）快有 60 个宝宝说没抢到了。好多人都没抢到啊
	5 秒钟时间，库存加满。祝愿大家，又顺又发

2. "踢单"提醒

"踢单"指取消长时间未付款的订单。直播中可对下了单却没付款的用户进行"踢单"提醒，从而促进成交，如表 5-33 所示。

表 5-33

类型	话术
余量提醒	我的天呐，只剩最后 2 件了。姐妹们，只剩最后 1 单了
"踢单"预警	没有付款的姐妹，不要占我库存。15 秒以后，准备"踢单"
虚晃一枪	刚发现有两个姐妹下单了却没点"关注"，我这是踢还是不踢呢
打消顾虑	后台有 3 个宝宝下了单还没付款，你们在顾虑啥（给出保障：卖点＋运费险＋7 天无理由退换货等）

3. 下链接

下链接前，通过提醒、宣布已卖完等，强调产品很抢手，结束整个促单过程。因观望而没有下单的用户后续还可能来直播间蹲守。示例话术如表 5-34 所示。

表 5-34

类型	话术
迅速过卖点 + 下链接提醒	它不是很假的那种纯白色。某地产的单股纱线跟我家原版 9800 的产品不一样。这是针织系列对吧？三股丝的纱线，可以看到每处螺纹细节，还用专门的机器做了麻花形状。可不可以做一针到底的一条螺纹？可以。但是不遵循原版，我白给我家姐妹她都不要。领口 360° 都是人工缝合的，反面，你们可以看到，都是一针一线。"扣"了"想要"的姐妹，白蝶贝纽扣直接送，还有 15 秒链接下架
卖完下架	没了？又没了？没抢到的宝宝不好意思啊，好货不等人
到点下架	对不起，只有 30 秒，没拍到的宝宝等下一轮

（八）感谢话术：真诚走心，快速"圈粉"

直播最后，给出感谢话术，为直播打造一个完美闭环。

1. 感谢陪伴

示例话术如表 5-35 所示。

表 5-35

类型	话术
感恩相遇	谢谢宝宝们陪我到现在，能遇到大家真的很幸运
卸下包袱	如果没有大家，我什么都没有，什么都不是，真的，我就是一个普普通通的人
展望未来	以后我会努力带给大家更多福利

2. 送上福利与祝福

示例话术如表 5-36 所示。

表 5-36

类型	话术
才艺回馈	主播就要下播去吃饭啦，这么多宝宝还在线陪我，那我给大家唱一首歌吧
福利回馈	这么多宝宝还在线呀！那咱再给大家送最后一次福利行不行？宝宝们想要手机、平板电脑还是主播同款 T 恤呀
体贴关心	答应我，待会要早点睡觉哟！少熬夜，身体好，工作轻松少烦恼

3. 下一场预告

示例话术如表 5-37 所示。

表 5-37

类型	话术
下播提醒	还有 5 分钟主播就要下播啦，大家有需要返场的可以现在就跟我说啊，主播尽量满足你的心愿
下期预告	明天晚上 8 点，主播和大家不见不散哦
	明天晚上 8 点，是大家心心念念的轻奢包折扣专场，超多福利给到大家，不要错过哦

 按产品定位有的放矢

学了那么多话术，你是不是有点迷糊，不知道怎么将它们"串"起来？没关系，我给你模板，你可以按产品定位有的放矢。

（一）主推款话术：创造需求推产品

主播不是产品说明书，也不是详情页，主播要创造需求。需求创造，从痛点下手。话术公式如下。

引出痛点 + 放大痛点 + 引出产品 + 提升价值 + 降低门槛

具体示例如表 5-38 所示。

表 5-38

类型	话术
引出痛点	情人节马上就到了，你是不是还不知道送什么礼物给女朋友
放大痛点	平时不懂浪漫不要紧，这么重要的日子咱不能让女朋友失望是不是？咱是不是得好好选礼物，让她开开心心，让你俩甜甜蜜蜜？礼物选得好，女朋友是不是会觉得你用心了，于是更加温柔，更加爱你
引出产品	来，挑情人节礼物，就选这个！主播自用的 ××× 护肤礼盒，里面有水、乳、面霜和眼霜。来，镜头拉近一点，我们看看质感
提升价值	上脸效果非常好，有一种雾化的哑光效果，很显高级。关键是一点都不厚重。大家知道我们的面霜里面添加了哪些"死贵死贵"的成分吗（讲成分和功效）
降低门槛	哎，大家看了是不是有点心动，来评论区"扣'想要'"，主播今天大方送福利啊！情人节特惠价，不要 1688，不要 998，不要 888，小几百就能拿到精美礼盒，好不好？来，点"关注"，亮灯牌，特惠价 588，上链接

（二）爆款话术：场景导入推爆品

通过场景迅速带出爆品，自然种草。公式如下。

描述场景 + 引出产品 + 核心卖点 + 优惠力度 + "促单"

具体示例如表 5-39 所示。

表 5-39

类型	话术
描述场景	天气越来越热，带宝贝们出门，没有水喝，宝贝们是不是要吵着买奶茶了？你自己跑个步，普通水杯是不是根本不够喝？那种小水杯装个珍珠奶茶还行，真要喝水是不是不够
引出产品	来，你需要的是这种 1300 毫升的大水杯
核心卖点	食品级材质，耐高温，100 摄氏度的开水灌进去没问题！耐低温，装了果汁放冰箱里，妥妥的！关键是容量大、有背带，安全卡扣，滴水不漏！不管外出跑步还是陪家人外出，装水都方便。1300 毫升大容量，满足你一天的喝水量
优惠力度	人家直播间卖 50、60 都有可能，但是凭我是源头厂家，我给宝宝们直接补贴好不好
"促单"	不要纠结，不要徘徊，宝贝，15 块钱送你一个大肚杯，不等了！收到货觉得好的，帮主播宣传品质，但不要宣扬价格！来，抓紧时间抢了！喜欢粉色的拍粉色，喜欢蓝色的拍蓝色，来，宝贝们，只有 50 单！不等了

（三）引流款话术：从头至尾强互动

适用于大众认知基础比较好、高购买频次、低客单价的产品，通过间隔性地插入互动，提升直播间热度或吸引关注。公式如下。

引出产品 + 定位人群 + 卖点 1+ 互动 + 卖点 2+ 互动 +……+ "促单"

具体示例如表 5-40 所示。

表 5-40

类型	话术
引出产品	1 包不到 1 块钱，还加长加厚的纸巾，对，就是这款。今天，就在我的直播间
定位人群	来，不管你是宝妈、上班族、学生党，还是小朋友，纸巾是不是少不了
卖点 1	普通纸巾太薄，容易破，我们这款是加大加厚、湿水不破的，用的是竹纤维，绝对不是那种惨白惨白，加了某种粉的啊
互动	想要的姐妹们，给我"扣"个"要"

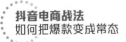
续表

类型	话术
卖点2	安全无添加，母婴都可以放心用！姐妹们注意，今天主播播得很开心，福利直接给到大家，9角钱一包，到手整整16包
互动	姐妹们，价格是不是很给力啊？没点"关注"的宝宝，对不起，我不"宠""路人"，只"宠"自己的粉丝。来，大家越热情，主播越性情。左上角的福袋，大家参与一下
……	……
"促单"	不等了，运营统计下人数。打了"要"的宝宝，我要带宝宝们"上车"了！手快有，手慢无

（四）基础款话术：有效推广产品

快消品可以快速讲解，但对于低购买频次、用户决策周期长的基础产品，我们的讲解时间可以适度拉长，可以用5~10分钟的时间来讲解，突出产品的卖点。

以5分钟的话术为例，公式如下。

引出商品（1分钟）+介绍商品（2分钟）+互动问答
（1分钟）+"促单"（1分钟）

具体示例如表5-41所示。

表5-41

节奏安排	类型	话术
引出商品 （1分钟）	圈定人群	我们直播间有没有工作中需要做PPT的朋友？有的话，大家帮我"扣"个"有"
	营造场景	我看到很多朋友"扣"了"有"的哈。是啊，我们做工作汇报、做演讲、做展示、做年终总结，都要用到PPT，但是很多人的PPT做出来是这样的（配图），是不是很丑
	给出样板	高大上的PPT是什么样的呢？是这样的，还有这样的（配图）
	勾画愿景	其实啊，PPT做得好在职场上是很吃香、很加分的，很多人还因为PPT升职加薪呢
	引出产品	那今天这本《和秋叶一起学PPT》真的一定要看，它能帮助你提升做PPT的水平，很多不会的技巧，翻一翻书就会了
介绍商品 （2分钟）	真实销量	我手上的这本《和秋叶一起学PPT》呢，是PPT界的老王牌书了。我们去其他平台搜一下"PPT"，可以发现，这本书就排在前面，销量非常好，已经卖了30多万册了

续表

节奏安排	类型	话术
介绍商品（2分钟）	口碑展示	来，随便给大家展示一下评论哈。（现场拿着手机去当当或者淘宝找到这本书的评论，展示，念评论）看到没，大家都说非常实用，有人说学完这个，做的PPT水平马上提升了不止一个档次，还有人说这本书里的知识点介绍得很全，很容易懂，遇到不懂的技巧，翻一翻就找到答案了，真的是本"宝典"
	产品细节	我来给大家翻一翻这本书哈，首先这个目录就很吸引人，全都是做PPT的过程中最常见的问题，比如怎样一键导出高清图片，怎样将Word文件一键转化成PPT，怎么使PPT中的平面图片看起来有立体的效果，等等。可以说你平时遇到的问题、遇不到的问题，里面都有讲。然后我们来随便一下正文，看到没？每个问题都对应有详细的案例，讲解超细，"小白"跟着一步步学，都能会。而且，我们是彩印的哦，里面的图片非常精美
	价格优惠、限时限量	这本书呢，平时卖69.9元，今天在我们的直播间，只要半价，35元就能到手。平时不做活动的，仅限今天哦
	产品卖点	首先啊，这本书真的好用。其次，我这儿有渠道，便宜，你说买不买
	精美赠品	然后，买这本书，我们还送大家非常精美的PPT模板，各种风格的都有，帮助你来练习。没创意的时候学学模板，再也不用像过去那样在网上到处搜了，你们说要不要
互动问答（1分钟）	解答疑惑，打消顾虑，促进下单	我看到很多宝宝都说要哈！有人问PPT怎么送，是这样的，你拿到这本书后，书里面有获取方式；还有人问不会做PPT能看懂吗，当然可以啊，这本书就是适合"小白"的，入门级别的；有宝宝问学生适合吗，当然适合，PPT这个东西越早会越好，尽量不要等到要用的时候才去学
"促单"（1分钟）	产品限量	来，想要的宝宝们，大家准备好了吗？我们今天只有100份哦。准备好，三、二、一，上链接
	卖点＋愿景	大家想要的不要犹豫哈，直接下单，也就一两杯奶茶的钱，咱学会一个技能，一点都不亏，以后也不用在网上到处搜，不用再麻烦同事了
	库存有限	来，最后10本，拼手速的时候到了。最后5本

记住，每件单品必须控制好时间。在进行直播准备时，要尽量准备好每件单品的脚本，把握好节奏，留出商品介绍时间和互动时间，这样节奏就不会被随便打乱，能把每件单品都"过"好，"过"完。

（五）利润品3轮战：快节奏"引爆"销量

如果你"促单"多次，用户依旧迟迟不下单，显然，你的"促单"出了问题，比如：

- 一上来就喊"只剩一单";

- 每天都是"地板价",喊话用户"不买就没机会了"。

"促单"要有前提,即你前面用足够的话术做了铺垫,让用户心动了。要想有效"促单",必须掌握节奏,表5-42中的3轮"促单"话术,亲测有效。

表5-42

节奏安排	类型	话术
引出产品	圈定人群	爱美的姐妹、喜欢时尚的姐妹、爱自己的姐妹,今天一定不要错过我的直播间。大牌包包,钜惠给你
	放大痛点	为什么一到重要场合,你就感觉自己缺饰品,搭配半天,还是出不了门?那是因为你缺少一款撑场面的包
	引出产品	这只包包,×××家的经典款。经典黑金配色,金标logo,皮带加链条编织而成,非常有"香奶奶"的味道。关键是今天是特惠专场,价格还非常实惠
	互动	来,今天本来是"宠老粉"的专场,但是刚才有很多新进来的宝宝,宝宝们顺便帮我点个"关注"啊,超大折扣轻奢包给到大家
第一轮	产品卖点	所谓见包识女人,女人的品位,从一个包上就可以看出来。姐妹们,这个经典款完全可以"闭眼入",很显气质。而且咱们的×××毕竟是轻奢品牌,经典款式,质量有保证,背几年都不会过时
	福利	看到直播间的宝宝们很热情啊,是不是很多人想要?左上角的福袋,大家领一下。你不领,你的福利就成别人的了
	产品价格	懂行的姐妹,咱就说这个原价是多少?就算现在打了折扣,五六千是不是少不了?咱们今天这个价格,不要12000,不要6000,不要5000,不要4500,不要4000,直接3299给到大家!这个价格,相当于3.5折啦!但是3.5折,你上哪里买得到这种经典款的全新正品?我们直播间全场保真,假一赔三
	营造场景	来,这么漂亮的包包,送自己、送闺蜜、送女友、送妈妈、送丈母娘,都可以啊。女孩子,什么时候最容易感动?就是不经意的时候。你在一个平常的日子送,她收到是不是特别惊喜?然后感动地看着你
	比价	逛过二手市场的姐妹肯定懂,你看"某鱼"上,99新的包,3400元;95新的包,3299元。也就是说,哪怕你背了三五年,背厌了,按这个入手价卖也能"秒出"。买包跟买酒一样,都有收藏、保值价格,后面会不会涨价,我不敢保证啊
	上链接	姐妹们,全新正品,保真的包,喜欢的直接拍。纠结犹豫的,听完讲解再理性付款啊。来,五、四、三、二、一,上链接

续表

节奏安排	类型	话术
第二轮	产品卖点	这款包包，本来分为金标和银标两种，金标热销，价格本来更贵的，但今天一视同仁给到大家。这款包的皮质非常柔软，拿到手里非常舒服，毕竟大牌质量好
	互动	感谢现在留在直播间的朋友，接下来给大家上一个大福利！×××牌的手口湿巾，点亮一个灯牌多加 3 单。10 包湿巾 9.9 元给大家，一包不到一元
	介绍使用方法	这款包颜色蛮好看的，当腋下包来背，小链条一勾，倍儿好看，职场女精英的气质一下子就出来了。要是去参加宴会，穿一袭晚礼服，是不是很惊艳？而且给配了一条长肩带，斜挎也很有风情。你要是背着它走在海边背，画面老美了
	"促单"	来，刚才拍了的还有多少没有付款的？（助播：还有 9 个。）直接清了。好不容易清出来的最后几单，大家抓紧了
第三轮	互动	刚刚没拍到的姐妹如果真心想要，我们再跟品牌方谈，"扣"个"加"字，我们给大家加单。运营来统计一下人数，我们精准上货
	产品卖点	一个包包就能给你提气场，一个包包就能给你增气质，你说是不是特别值？其实你不需要全买价格昂贵的包包，但你的衣橱里一定要有一个贵的轻奢包。我给大家看看细节。这款包非常精致，是某品牌的经典款式，而且大小合适，通勤方便。它是 3 层结构，有 6 个卡包，背面还有一个小夹层，装卡什么的特方便，还安全。关键是咱的包还这么好看，和闺蜜出去，漂漂亮亮的
	"促单"	12 点过后全部下链接。不要 4000，不要 3500，不要 3499，直接 3299 给到大家。这个价格,3.5 折，外面哪里买得到全新正品？后面再谈合作，我们都不一定保证还能以这个价格拿货。来，全场假一赔三，最后刷新一次购物车，一号链接，拼手速

 必备唠嗑 100 句，让你直播话不停

（一）暖场欢迎顺口溜

暖场欢迎顺口溜，如表 5-43 所示。主要用于开场的暖场阶段，也可以在其他合适的时候"不经意"地讲出来。

表 5-43

1	欢迎来我直播间，新到的宝贝很新鲜。优惠多多交朋友，朋友多了路好走
2	天青色等烟雨，我在等风也等你
3	独在异乡为异客，欢迎大家来做客
4	我是秋叶新主播，会做 PPT 来会唱歌。跟着我的小直播，职场技能学得多
5	我是新主播，能带货来能唱歌，带货样样实惠多。要想听我把歌唱，点点心心刷刷赞
6	主播最近刚起步，感谢大家来帮助
7	粉丝刚破两万五，总算迈出第一步。主播想冲五万粉，直播实惠有点狠
8	茫茫人海，相遇是缘。进来坐坐，唠嗑唠嗑。有啥烦恼，都和我说
9	外面大风有点紧，原来你也在这里。不管外面天多黑，主播陪你喝一杯
10	都说抖音有机会，独立女性来带货。白手起家一人扛，实在厚道不张狂

（二）吸引关注顺口溜

吸引关注顺口溜，如表 5-44 所示。

表 5-44

1	点点"关注"，近我者富
2	有种喜欢叫"关注"，有种关心叫守护
3	轻车熟路点"关注"，你在主播心上住
4	进来加个粉丝牌，大顺大发赚不完
5	点亮一个粉丝牌，从此每天乐开怀。各种实惠带你飞，日子过得真是"嗨"
6	情到深处点"关注"，送个灯牌不迷路
7	关注主播不迷路，主播好多小招数，教你变美又变富
8	红灯停，绿灯行，点个关注行不行
9	走过南，闯过北，点个关注不后悔
10	上点"关注"下点赞，出门就赚五百万
11	主播是个宝，丢了不好找
12	主播会当家，教你省钱啦
13	关注主播不后悔，日子顺风又顺水
14	关注主播把钱省，好钢用在刀刃上
15	"宠""老粉"，就是狠。灯牌亮一亮，我为你"炸场"
16	"新粉""老粉"都是情，送点福利表真心

17	产品有限没办法，今天只"宠"娘家人
18	点了"关注"就是超级 VIP，以后在我直播间横着走
19	点"关注"，好处多，主播带你学变美
20	直播间有那么多，你却偏偏"刷"到我。点个"关注"加个群，从此缘分常留住

（三）延长停留顺口溜

延长停留顺口溜，如表 5-45 所示。

表 5-45

1	关关难关关过，"刷"到主播别划过
2	远赴人间惊鸿宴，每天多"刷"我一遍
3	心莫慌、手莫抖，进来的家人别着急走
4	朝辞白帝彩云间，有缘来我直播间。来了不要着急走，我给宝贝倒杯酒。朋友多了路好走，万事不过杯中酒
5	今天正值 ×× 节，主播安排福利多。宝宝先把灯牌点，看我轮番"炸"翻天
6	买不买，不要紧，了解一下新产品
7	拍不拍，不着急，赢个信任是第一
8	啥也不多说，红包"走一波"
9	今天不赚"米"，福利送给你
10	都说主播才艺多，今个就来"秀一波"。十点以后有惊喜，辛苦练唱只为你

（四）评论点赞顺口溜

评论点赞顺口溜，如表 5-46 所示。

表 5-46

1	新进的帅哥和美女，"飘"个"好"让我看到你
2	进来不要当观众，一起唠嗑来互动
3	宝宝口才好，一看就是大领导
4	谁说女子不如男，楼上个个花木兰
5	动动你的发财手，主播祝你幸福到永久
6	你不赞他不赞，主播今晚吃冷饭

7	你一赞他一赞，主播说话不打颤
8	公屏"扣"个"哈"，大家今年都能发。公屏"扣"个"go"，大家开心又长寿
9	你不言他不语，主播自言又自语
10	你一言他一语，主播就来上惊喜

（五）邀"刷"礼物顺口溜

邀"刷"礼物顺口溜，如表 5-47 所示。

表 5-47

1	不管礼物有没有，祝大家幸福到永久
2	哥哥礼物"刷"得快，眨眼我就看不见。哥哥你再来一遍，我好截图留个念
3	你越热情，我越性情
4	哎呀，礼物送得勤又重，咱家大哥情意重
5	"榜一""榜二"最给力，早晚飞黄腾达有福气
6	来把礼物走一走，祝愿大家幸福久久
7	"榜一"好大哥，人狠话不多。礼物"刷"到飞，莫非想把主播追
8	三分喜欢点"关注"，十分喜欢"刷"礼物
9	觉得主播好，礼物走一走。觉得主播帅，给点小关爱
10	这位大哥有点酷，一言不合"刷"礼物
11	有钱的捧个钱场，没钱的捧个人场
12	不管礼物有没有，祝愿大家好运走

（六）"促单"顺口溜

"促单"顺口溜，如表 5-48 所示。

表 5-48

1	舍得零钱花，才是好当家
2	十年、八年用不坏，还可以传给下一代
3	我用真金，换你真心
4	放心用，大胆买，不要犹豫不要徘徊，你犹豫徘徊，就是白来
5	9 块钱也不多，买不了房来买不了车

续表

6	不讲价不还价,讲价还价欺骗大
7	做自己的女王,一生爱自己
8	一号链接不算贵,人人都能来消费。一号链接不白花,情人节马上用到它
9	机会不是天天有,该出手时就出手
10	看播不要钱,试用还免费。这样的机会,下次打着灯笼也遇不见
11	这次不买会后悔,老婆知道拍你腿
12	机会是宝,错过难找
13	新产品,刚刚到,如果你还不知道,家里是不是没信号
14	高高兴兴送给她,准保赛过玫瑰花
15	没有中间商赚差价,没有机构赚佣金!源头工厂直播就是霸气
16	秒拍秒付,抓紧手速

（七）下播告别顺口溜

下播告别顺口溜,如表 5-49 所示。

表 5-49

1	其实我不想走,其实我很想留
2	只怪时间太匆匆,美好时光过得快
3	今天播得真愉快,下次准点再来见
4	马上就要下播吃饭,宝宝们也要按时吃饭
5	知道宝宝难分难舍,主播唱首歌祝你永远快乐
6	明天下午两点四十,主播等风也等你

四 好用！7 个行业带货话术模板

（一）服装类话术模板：让成交额再翻一番

服装类直播,要在上身效果、卖点提炼、打消顾虑方面着重下工夫。

• 上身效果。服装的上身效果非常重要,它是决定直播间观众是否会下单的关键。
灯光、搭配、模特身材气质和风格等各方面,都要以最好的状态呈现。

- **卖点提炼**。可以从面料、版型、款式、工艺、功效这 5 个维度来介绍服装的卖点。示例话术如表 5-50 所示。

表 5-50

维度	话术
面料	这件衣服是纯棉的，上手非常柔软
版型	它有很明显的紧身效果，上身呈 S 型，特别显瘦
款式	男女款都有，码数也很全
工艺	它的领口有刺绣设计，看起来简单中带着点小个性
功效	这件衣服吸汗、透气，穿起来很舒服

- **打消顾虑**。服装类产品退货率较高，直播间用户可能会产生一定的疑虑，担心商品不适合自己或者上身效果不好。所以，主播要尽量告诉用户：我们的衣服是赠送运费险的，并且 7 天无理由退货，买回去不喜欢可以退，大家可以放心下单。示例话术如表 5-51 所示。

表 5-51

节奏安排	类型	话术
欢迎暖场	欢迎观众	宝宝们好，欢迎来到 ×××的直播间
	自我介绍	我们家专注做源头工厂精品女装 13 年，在广州有自己的工厂和线下门店，开直播只为把真正的源头精品女装，用实惠的价格给到大家
	互动	新来的宝宝，左上角点个"关注"，待会儿主播给宝宝们上我们的精品真丝衣服，上装和下装都有的啊。没有点亮灯牌的宝宝，动动你们的小手，给主播点亮灯牌吧
引出产品	圈定人群+痛点场景+互动	来，直播间的所有宝宝，有没有不知道怎么搭配裙子的宝宝？有的"扣"个"搭"。有没有对自己肚子上的小肉肉恨得牙痒痒的宝宝？有的"扣"个"肉"。有没有一出门觉得衣服像蒸笼一样的宝宝？有的"扣"个"热"
	互动	哈哈哈，咱们的 ×××宝宝直接给主播"扣"了个"搭肉热"，也太可爱了！×××，主播跟你说，大数据真的懂人，把你送到了我的直播间
	放大痛点	我太懂宝宝们了，肚子有肉，不敢穿太紧的；身上有肉，不敢穿太露的；穿牛仔裤，只敢穿阔腿的！哎，主播何尝不是这样啊
	引出产品	但是主播这样穿是不是半点儿不显肉，还看起来很飘逸？（对着镜头比划）这就是我们家自产的真丝上衣

续表

节奏安排	类型	话术
卖点分析	面料	宝宝们看一下啊,这是100%桑蚕丝面料的,光感很足,面料柔滑,一看就很上档次
	功效	关键是,我这样穿半点儿不显肉。宝宝看一看,肚子是不是没了?手臂上的肉肉是不是没了
	款式	而且这个蝙蝠袖的设计,看着就很大气是不是?不勒不紧,穿了之后就是温柔气质的美女!这件真丝上衣,一共有4个颜色,浅咖、米白、烟灰和雾霾蓝。想要清爽的,就拍米白;想要知性优雅的,就拍浅咖;想要干练的,就拍烟灰;想要精致显瘦的,就拍雾霾蓝。尺码有S、M、L、XL和XXL,大家按正常码拍就可以了啊
	互动	不清楚自己尺码的,可以把身高、体重"扣"在公屏上,主播帮宝宝看一下啊
打消顾虑	强化卖点	宝宝们看一下,桑蚕丝面料,柔软、光感足,而且非常透气。就这种三十几度的天气,你穿桑蚕丝比穿普通材质的衣服要舒服得多。衣服轻薄是轻薄,但是半点不透啊。来,镜头拉近一点,宝宝们看看。而且我们的版型非常大气,蝙蝠袖遮肉、显瘦,很提你气质
	展示口碑	这是我们今年的爆款,这个夏天已经卖出了一万六千多条了。大家不信可以翻一下评论,看一下销量,是不是很高?评论区有宝宝说买过,上身很好看,价格还实惠。对的,就是这样啊
	给出承诺	主播的直播间,卖衣服就是赚个信任,交个朋友。我们的衣服都是有运费险的,大家完全可以放心。免费试穿,不需要有任何顾虑
	互动	想要的宝宝,给主播"扣"个"要",运营小哥哥来帮忙统计一下人数
"催单促单"	库存有限	刚才多少个宝宝打了"要"?哎,大家记得把关注和粉丝灯牌点一点啊,衣衣有限,只够宠"娘家人"的啊。40人打了"要"是吧?那就给大家上40件。来,直播间现在有600多人在线啊,但是衣服就只有40件,大家拼手速、拼网速
	比价	100%桑蚕丝面料,蝙蝠袖设计,上身轻盈、效果好,这样的衣服在实体店没有三四百元,怎么可能买得到?咱们家还有工厂优势,宝宝们自己算一下账,是不是这样
	报价上架	来,40件桑蚕丝优雅上衣,今天在我的直播间,不要599元,不要399元,不要299元,不要199元,直接159元再减30元,129给到大家。40件上衣,来,倒数5个数,五、四、三、二、一,限时60秒上车
	"踢单"	没拍到的宝宝"飘"个"没拍到"。主播看看还有多少拍了没付款的。今天,在我的直播间,主播以最实在的价格给到大家,只是想交个朋友、涨点人气,没付款的宝宝对不起,还有很多人没拍到,那咱们只能踢了啊。来,运营小哥哥,"踢单",把清出来的几件给刚才没抢到的宝贝。最后一次机会啦,宝宝们赶紧去抢

（二）日化类话术模板：大赛道这样抢占先机

日化类产品多属于功效性产品，能够解决一些实际问题，讲究实用性，所以我们最好通过还原场景，阐述痛点，再抬高需求、展示亮点来激发用户欲望，最后很大程度上能够促进成交。示例话术如表 5-52 所示。

表 5-52

节奏安排	类型	话术
引出产品	圈定人群 + 痛点场景	有没有最近一睡觉，开电热毯或开空调，身上就特别干痒，一直抓挠的人？很多地方湿气很重，容易长湿疹，小宝宝可能会有红屁股、红脸蛋或手上有红色痒痒的东西
	互动	有的宝宝，给我"扣"个"有"
	现身说法 + 引出产品	我妈妈也有湿疹，这款身体乳用在痒或脱皮的地方，能解决你皮肤干痒的问题，让你的皮肤更舒服。宝宝们，如果你身上有肌肤问题的话，完全可以用它
卖点分析	抬高产品	相信主播啊，最近我们确实帮这个牌子大火了一把，卖空、卖"炸"了很多产品，但是，这款身体乳是直播间还没推荐的时候，他们家就卖"爆"的王炸产品。×× 家唯一一款单品，完全不需要推荐就卖得非常好
	成分功效	它里面用到 5 种植物的油脂，在你身上形成一层"新的皮肤"
	网友口碑	刚才有宝宝说：用这款身体乳，我的湿疹渐渐下去了。真的，这是对摆脱湿疹困扰有很大帮助的一款产品
打消顾虑	安全性	建议你们去试试看。这款产品唯一的缺点，也不叫缺点，就是味道不香。它没有什么味道，是因为没有添加其他成分，孕妈妈和宝宝一定可以使用，大家可以放心
"催单促单"	价格优惠	在我直播间的所有宝宝，原价 138 元一瓶的身体乳，主播 108 元两瓶给你们做"秒杀"，买一瓶送一瓶
	限量"秒杀"	上次主播直播时，5000 瓶上架即"秒空"，今天只有 500 瓶，大家拼手速。来，五、四、三、二、一，上链接！所有宝宝，马上抢
	库存有限	运营小哥，库存全部加上来吧。宝宝们，最后 200 瓶，最后 90 瓶，最后 27 瓶……啊，没了

（三）食品类话术模板：激发食欲有门道

为什么每次一看到直播间卖吃的，你就忍不住下单？因为人家用对了话术，让你听了就流口水。这就是食物类直播的展示技巧了。

• **高清镜头**。一定要有食物最直观的高清特写镜头，而不是简单的外包装展示。对于一些需要二次加工的食品，直播间可以提前烹饪好，在直播时直接展示。主播可以在镜头前吃一口，边吃边介绍，将食物的色泽、声音等细节等最大程度展现，让用户情不自禁地流口水。

• **卖点提炼**。介绍美食时，可以着重描述口感。为了强化信任，还可以从日期、成分、生产（加工）环境、物流、食用方式、适宜人群等方面展开，打消用户疑虑。示例话术如表 5-53 所示。

表 5-53

维度	示例
口感	它是健康小麦产品，微甜微咸，越嚼越香。在小石子上烤出来的零食，主播用生命担保，很好吃
日期	保质期比较短，15 天，发给宝宝们的绝对都是现做的
成分	不含防腐剂，大家放心拍
生产（加工）环境	大家看看，这是我们的标准化生产车间，所有员工都持证，穿工作服、戴口罩和手套上岗，安全绝对有保证。而且咱们的产品有二维码，支持溯源的，从源头把控产品质量
物流	我们的产品都是现做现发，着急吃的宝宝，没问题啊，我们走"某东"物流
食用方式	有两种食用方式，一种是直接开袋吃，一种是在火锅里过一下，蘸酱料吃
适宜人群	有点辣，不喜欢吃辣不要买；适合上班休息的时候，嘴里没味道的时候吃；孕妇尽量不要拍

食品类直播间，除了卖点外，氛围和互动也很重要。示例话术如表 5-54 所示。

表 5-54

节奏安排	类型	话术
引出产品	互动	欢迎宝宝们来我的直播间，今天主播又给大家送美味又健康的零食啦！直播间的宝宝们，看看我直播间的零食，有没有你想要的？想要的给主播"刷"3 个"要"，你们"刷"得越多，主播上得越多
	安排福利	哇，宝宝们这么热情啊，看来主播必须上福利啊！来，左上角点个"关注"，顺手把红包领一领
	营造场景	有没有喜欢一边追剧一边吃零食的宝宝？有的给主播"扣"个"有"。来，追剧的时候，鸭脖需不需要？啃着鸭脖看剧是不是更加过瘾
	引出产品	如果说我们家的鸭舌是"王炸"，那我们家的鸭脖就是"王中王""炸中炸"

续表

节奏安排	类型	话术
卖点分析	口感	来，主播"先吃为敬"！平时看剧、看直播，直接就能拿来吃。我们家鸭脖，嚼起来有劲，入口这个味道辣得爽，但是不过分，麻得过瘾，回味一下还有点甜。这就是人间美味啊，宝宝们
	分量	来，宝宝们，这一大袋，比我的脸还大。一大袋里面有6包，自己吃、朋友吃，分量足够。得让宝宝们吃得爽才是，是吧
	抬高产品	一根鸭脖啊，不仅是零食这么简单。它还是家的味道，记忆的味道，幸福的味道
	互动	来，今天是我们的回馈专场，点了"关注"、亮了灯牌的宝宝，这4包外面卖10元一包的海带丝，我卖多少？我不卖！直接送！待会儿下单的宝宝，一人送4包，只"宠"自家人
"催单促单"	强化卖点	有宝宝问我的鸭脖日期怎么样？大家放心，工厂直发，产品新鲜，甜辣麻香
	互动	你以为送了海带丝之后我们的感情就结束了吗？不，我要继续送！来，上个月刚上架的鸡肉粒，我免费请宝宝们试吃。来，"试吃"设为关键词，所有"扣"了"试吃"的宝宝都送
	比价	来，这么一大袋从超市买是不是至少要40？我不跟超市比，它有场地费、电费、水费。那我跟别的主播比，上个月别的主播卖多少钱来着？（助播：别的主播好像是6包150块。）来，宝宝们，我要是卖150显得诚意不够，我给大家拍二发七，不要150，不要140，直接139再减10，129"上车"
	"促单"	平均一袋不到20元，连超市价格的一半都不到。如果宝宝们发现我比外面贵一角钱，不用怕，直接来找我。这次活动再不买就没了啊

（四）美妆类话术模板：让人听完忍不住"剁手"

美妆，当之无愧的抖音大赛道。在家家都想卖美妆的情况下，直播话术技巧就非常重要了。

• 有针对性，让用户对号入座。

如：有没有那种……的女生，我给你推荐……的这个……，真的是非常……

• 有功能性，打消消费疑虑。

如：这款……是专门针对……的，它有……成分……，用完会让你……

• 有场景感，激发消费欲望。

如：当你想要"秒杀"全场时，就涂×××色号出门。

有没有姐妹一到冬天脸就变成"红苹果"？那这款精华一定要试试。

这款腮红上脸的感觉就像恋爱中的少女，那种很甜的感觉。

• 优惠＋限量，降低门槛、推动下单。

如：这个平时都是……一瓶，今天我们直播间……一瓶，还送……相当于×××折。但这个价格我们只争取到了×××份，数量有限，大家快抢。

示例话术如表 5-55 所示。

表 5-55

节奏安排	类型	话术
引出产品	圈定人群＋抓痛点	有没有宝宝的脸，一遇烫水、热水，就泛红？一用养肤性特别强的大牌精华面霜就皮肤红肿的宝宝，在不在？爱长痘痘的宝宝在不在？长了痘痘、有粉色痘印的宝宝跟脸部红血丝很多、很明显的宝宝在不在
	互动	在的给主播"扣"一个"在"，主播今天帮宝宝们化解这个难题
	主播自用	主播给宝宝们推荐这款主播自用的修护精华液，肌肤不舒服，一瓶这款精华液就可以稳住你的肌肤
卖点分析	强化痛点	宝宝们，敏感肌的困扰我完全明白啊！因为主播就是这样，而且主播每天都要上播。有没有持妆时间长的宝宝？有没有经常要上妆、卸妆的宝宝？主播每天持妆超过 12 小时，一年 365 天，超过 350 天带妆，皮肤压力大不大？大啊，姐妹们，幸好我用了这款×××修复精华
	功效＋适用人群	×××这款修复精华专门解决肌肤的五大问题，不管你的肌肤敏感、刺痛、干痒、泛红还是长痘痘，都可以使用，修复效果很好。大家看主播的皮肤，即使长期持妆，皮肤维护得是不是还不错？因为这款修复精华确实不错
	安全性	而且他们家的产品无酒精、无香精、无色素、无矿物油。它的原理是形成一道植物仿生屏障，让你的皮肤像覆了一层保护膜，很舒服。想要的宝宝们，给我把"安全""扣"在公屏上
打消顾虑	服务保障	今天在我的直播间，所有"扣"了"安全"的宝宝们注意啊，我们给大家送运费险。这支小样也一起送给大家好不好？大家试用小样，要是觉得不合适，退掉也不要紧
"催单促单"	比价	×××家价格很贵，原价 280 元一支，我的直播间"宠粉"价 158 元给到大家，买一支送一支正装，再送一支小样
	限量	来，所有宝宝！三、二、一，上链接！8000 支说没货就没货的啊，赶快抢啊
	库存倒数	还有 5400、3200、2100、1000、600、54 支！拼手速
	"踢单"提醒	没了！下架了，宝宝们对不起，现在只能踢人了

（五）母婴类话术模板：赢得信任，推动转化

母婴类产品怎么直播比较好卖？母婴类产品与一般产品不同，其直播更有自己的特点。

• **专业性强**。母婴类直播不以主播外形、知名度等作为关键衡量指标，更需要主播在母婴方面足够专业，甚至是有切身体验，这样才能应对直播间的各种问题，使观众更容易产生信任。比如抖音上的母婴自媒体"年糕妈妈"，她是医学硕士，还是多部母婴类畅销书的作者。

• **贴合年轻母亲角色**。有过育儿经验的女性主播更有信服力，观众更易产生共鸣。主播不仅要在母婴方面有一定研究或专业成果，还要有育儿经验，同时形象要温柔、有亲和力，符合用户对新手妈妈的认知。

• **选品严格**。母婴产品关系到婴儿健康，对产品的安全性有较高要求，产品质量的好坏直接影响主播的口碑。主播在直播时要强调产品的安全性。

结合以上 3 个特点，我们总结一下母婴类产品直播的话术模板，如表 5-56 所示。

表 5-56

节奏安排	类型	话术
引出商品	痛点场景	很多妈妈面对市面上那么多种类的奶粉，年龄段、口感、营养成分等那么多参考指标，不知道该怎么选。新手妈妈不会选奶粉，又担心选错，怎么办才好
	强化身份	今天，主播作为一个过来人，来教你怎么选到合适的奶粉
	点名互动	欢迎 ×× 妈妈、×× 妈妈进入直播间，主播有实用的奶粉挑选技巧分享，妈妈们可以留意一下，点个"关注"
卖点分析	知识讲解	宝宝的奶粉要按年龄段来选，因为每个年龄段对成分的需求侧重不同。0 ~ 6 个月的宝宝对营养的需求比较高，所以营养成分一定要丰富、全面。6 ~ 12 个月的宝宝需要更多的 DHA……
	款式	但是，有的宝宝适应不了新奶粉，怎么办？有这样困惑的妈妈，请看过来。我们这款奶粉分两段，口感模拟母乳，宝宝们更容易适应
	适用人群	妈妈们注意，一段奶粉营养更全面，适合 0 ~ 6 个月的宝宝；二段奶粉针对的是 6 ~ 12 个月的宝宝，双优活蛋白的添加，能够激发宝宝的原生保护力
	口感	担心宝宝不喜欢的妈妈，咱们的奶粉模拟妈妈自身的味道、自身的营养，优质选脂，所以宝宝能很快适应咱们的奶粉

节奏安排	类型	话术
卖点分析	安全性	我们精选××的奶源，全程安全、无菌化处理……我们的产品不添加×××，而且产品从源头到生产的各个环节，都是可以通过瓶身的二维码溯源的，妈妈们放心啊
打消顾虑	免费退换	妈妈们有什么顾虑都可以跟主播说的。××妈妈，你宝宝喝了多少都不要紧，要是不喜欢，给你们安排退款。不管宝贝是喝了一口、喝了四分之一，还是喝了一半，都可以退。建议没喝过我们奶粉的，先拍一小罐，给宝宝试喝一下
	正品保证	我们是官方，绝对正品啊
	传播理念	营养只有进到宝宝身体里，才是真正的营养
"催单促单"	比价	我们的奶粉，超市里都卖299元，但我们是官方直播间，想把更多实惠给到妈妈们。我们的"新粉"妈妈，使用优惠券后只要239元
	提醒领券	粉丝妈妈们，点击"关注"可以自动领取优惠券，先领再拍，更加实惠
	数量有限	现在的活动力度很大，我们的奶粉只有1000份，妈妈们多拍多囤啊。来，助理准备，五、四、三、二、一，上链接
	继续互动	有疑问的妈妈，可以继续问我！如果宝宝在考虑断奶、转奶，我们的1号链接有免费试喝，直接拍就行！想要宝宝们适应奶粉味道的，想要宝宝们营养丰富的，直接拍2号链接

（六）图书类话术模板：有效推动阅读与购买欲

图书类直播怎么做才能高成交？首先，大家要理解图书类产品的独特性。

• 客单价偏低。一本书一般就几十元钱，价格相对固定，没有溢价空间，直播时只能通过打折或者降价来吸引粉丝下单。

• 利润较低。图书印刷成本固定，纸价连年攀升，图书整体的利润低，一本书的利润可能低到几元甚至几分钱。

理解这两个特点后，我们再来思考怎么推荐图书。

• 通俗讲解具体内容。比如，这本书的作者，这本书能解决什么问题，读者读完会学到什么，等等。

• 说明适合的群体。一本书的目标用户很可能属于特定的年龄层次，讲解图书对应的年龄层次不仅能体现该书的科学性和主播的严谨，更能够帮助相应群体（如小升初考生、职场"小白"、高三学生等）对号入座，让他们感觉正好合适，有需要。

• **打开书展示，或者念一段书里的文字。** 很多书画面精美、文辞优美、趣味横生，通过打开书展示书中内容，可以让用户感受到书的质感。

• **现场展示该书评分，念好评内容。** 念出一段真实的评论，能够使主播的推荐更有说服力，也能加强用户的信任。有的图书主播会在介绍某些书时，播放它们的配套视频或者音频，调动用户的感官联想，让用户觉得物超所值。

示例话术如表 5-57 所示。

表 5-57

节奏安排	类型	话术
引出产品	引出产品	大家看看我手里的这本《×××》。这本书好在哪里呢
	综合概括	这本书能帮孩子们把阅读理解的方法吃透
	作者介绍	本书作者是 ××× 老师，他是江苏一个特别牛的老师，一线教学经验 20 多年，这本书是为了全面提升孩子阅读理解能力而写的
	圈定人群 + 互动	孩子不擅长阅读理解的有没有？有的"扣"个"有"
卖点分析	痛点场景	我经常跟大家讲，阅读理解是一个孩子学习的基础。如果你阅读完了无法理解，很有可能什么都学不好，你的成绩会受到很大的影响，因为不光语文有阅读理解，学历史、地理、政治，要不要阅读理解？要啊！如果你连课本都理解不了，你怎么学习
	放大痛点	所以阅读理解能力是一个孩子学生时期的核心竞争力。为什么有些人表达能力差？因为他们不能理解。为什么有些人学习不好？因为他们不理解。老师说的他们不能总结，课本知识他们不能总结，更谈不上理解。这可不是补课就能补上的，这就好比一个孩子出生的时候，从娘胎里少带了什么东西一样，很难补的。所以亲爱的，重视起孩子的阅读能力好不好
	卖点分析	这本书叫《×××》，内容采用了特别可爱的漫画的形式，能确保把一个一个的阅读理解方法，包括怎么理解字词，怎么理解一个文段，怎么理解文体，给孩子们讲明白
	强调作者	来自我们江苏省的超牛的 ××× 老师，给孩子们讲阅读理解，好不好
	互动	怎么阅读一篇文章，怎么总结段落大意，怎么找到重点，怎么分析……这些关键技能，要不要学？要的把"要"字"扣"起来
	比价	来，一大套书原价 120 元，我们直播间只要 59 元
	适合人群	这套书，涵盖从一年级到六年级所需的阅读方法
"催单促单"	限量	来，准备好，三、二、一，上链接。大家抓紧时间点击购物车，1 号链接，赶快去抢好不好？叫《×××》，还有最后 100 套，抢完我们就没有了

节奏安排	类型	话术
"催单促单"	灌输理念	这是一本能正儿八经地提升你孩子阅读理解能力的书。马上就要开学了对吧？提升阅读理解能力，各科成绩才有希望提升，不然你真的是白费力气
	互动	来，这套《×××》，大家买到了的给我"扣""买到了"，然后咱们就过了
	库存倒数	还有最后 40 多套，赶快抢！还有 40 多套

（七）课程类话术模板：让课程卖得贵还卖得好

课程类直播本质是通过直播卖知识服务，借助直播平台流量引流获客。课程类直播适合有课程类产品的在线教育机构。课程类直播用怎样的话术，才能"爆单"？

• 适当延长讲解时长。课程类产品不像一般的服装、美妆、日化产品那样，大家一听就知道产品的作用。所以，主播要花时间讲解产品是什么，要解决什么问题，为什么能解决这个问题。课程类产品的介绍时间要比一般的单品长。

• 积极带动互动。多轮互动，圈定人群，让大家根据身份对号入座。

• 放大目标用户的痛点问题。比如：不会做 PPT、升职加薪难、被老板骂、工作效率低等，很有场景感和代入感。

• 详细介绍课程内容。除了课程内容，还要说明课程的质量和优惠，并以赠课等形式进行激励。

• 强化痛点。如"机会总是属于有准备的人，改变现状从现在开始"等话术，再加上价格引导和限量名额，激励犹豫的粉丝下单。

以"秋叶 PPT"的办公技能课程（曾一晚卖出几十万元的销售额）直播话术为例，话术如表 5-58 所示。

表 5-58

节奏安排	类型	话术
引出产品	圈定人群 + 互动	进到直播间的宝贝，你是职场人、学生党，还是宝妈或者正在准备找工作啊？可以把你的身份"扣"在评论区，我来帮你提升你的工作效率，升职加薪，同时找到赚更多钱的副业好不好
	互动	我看到今天有很多职场人啊！宝妈也不少！好，直播间的宝贝们，大家现在会用到 PPT 的扣个"用"，还没用到的"扣"个"没"

节奏安排	类型	话术
引出产品	痛点场景 + 传输理念	"扣用"的宝贝们给自己鼓个掌，因为你们已经超过了80%的人！现在还有太多人要忍受着风吹日晒，给别人干体力活才能养活自己和家庭。如果你也想找到一份坐在写字楼里，不用风吹日晒，不靠体力靠脑力，未来到四五十岁还能持续干的工作，一定要留下来。你只需要学会1个软件——PPT软件，就能帮自己找到一份月薪5000元、足以糊口的行政文员工作
	互动	来，已经在使用PPT软件的宝贝给我"扣""有"，还没用到的宝贝"扣"个"没有"
	放大痛点	PPT一定要学啊！你一年可能只会用3到5次PPT，但每次用都决定了你能不能升职加薪！工作汇报、年终总结这种和领导面对面交流的场合，你是不是一定要用到PPT？我告诉大家，"累死累活干不过人家做PPT的"是真的。你平时累死累活，就因为汇报没做好，升职加薪和你无缘了，这口气你能忍吗
	引出产品	忍不了咱们就早点把这软件搞定，真的不难。直接点击购物车，拍1号链接——职场加速包课程，299元，4个软件一门课搞定
介绍产品	卖点	课程会用50个课时的视频课搞定PPT模块，配练习，配老师答疑，让你从0到1做出领导点赞、同事羡慕的PPT
	背景资历 + 打消顾虑	我们这门课程，所有上课的老师都是行业内很厉害的老师。不知道我们的可以看看我们的作品和粉丝量。对我们课程不放心的，主播告诉你，把心放在肚子里，可以去查查我们"秋叶"品牌，我们已经有10多年的办公软件培训经验、百万学员。除此之外，我们还有自己的一系列配套工具书，专不专业你们说了算
	卖点	所有的课程都会搭配练习题，让你边学边做，提高你的学习效率
	抬高价值	今天下单还能加入学习群，有老师专门在群里集中答疑解惑，有效期是30天。这个群是永久的，大家可以在群里交流使用技巧、互换资源。说实话，群里的朋友都是愿意进步、愿意学习的年轻人，聪明的人自然会积极发言交友的
	传输理念 + 强化痛点	年轻人什么都要最好的：××手机、××吹风机、××咖啡。是的，人生只有一次，我们就要好好过，我们当然不能委屈自己。有问卷调查显示，超过六成职场人已经开展或计划开展副业和兼职。别人都在努力，你还有什么资格玩手机、玩游戏？参加无止尽的聚餐，你真的满足了吗？我们作为一个年轻人，需要不断地"武装"自己，增强自己的抗风险能力。到了最困难的时候你才知道，手里有钱，心里才是真的踏实。俗是真的俗，但是我们的需要就是那么简单

续表

节奏安排	类型	话术
介绍产品	抬高产品+降低门槛	给自己一个机会！不要犹豫，两百多元，就是一顿火锅的钱，吃火锅，吃完就没有了，但给自己投资一门职场加速包课程，却能帮助自己拥有核心竞争力，未来升职加薪！投资自己是永远不亏的
"催单促单"	限量	大家想要就直接拍，只剩最后 10 份！今天拍完就没有了
	价格优惠+赠品	这个价格只有在我直播的时候才能享受到。日常价 PPT 课是 169 元，Word 课是 169 元，Excel 课是 169 元。今天直播间下单的宝贝，我再送价值 199 元的 Ps 课，一共 700 多元的课程，今天直播间"骨折价" 299 元
	勾画愿景+传输理念	现在下单的同学，你以后再也不用为办公软件发愁了，跟着我们好好学，一定能学会！这门课程已经卖出上万份了！那些念叨明天再开始努力、明天再开始学习的人是很难有如愿的明天的。现在辛苦一点，从现在开始努力学习、提升自己的人才有未来。不想寄人篱下，不想再做最基础、最累的工作，对不对？对工作前景感到很迷茫，想要努力赚钱，但是无处使力，觉得自己一事无成，想要改变现状，又不知从何开始？去学习吧
	超值赠品	今天主播直播只放 10 份，拍到的宝宝，我送你们 2 号链接的东西，拍 1 送 1，还送海量模板、配套学习群。好，主播今天再送价值 129 元的 95 节 WPS 课，165 道对应的练习
	强化痛点+利益好处	学会了这些不仅可以升职加薪、面试过关，还可以去做副业，比如学习 Ps，之后制作证件照 20 元、制作海报 500 元，一个月赚回学费。现在"00 后"同事越来越多，学习能力又强，你不能让自己输在起跑线上。机会属于有准备的同学，如果你成为同事眼里最厉害的那个同事，那你说，你的领导会不会重用你？你的薪资能不能上涨 2000 元、3000 元？大家赶紧去拍，职业决定收入，职场软件跟你们息息相关

第六章

抖音投流，让你的能量放大 10000 倍

投对了，平地起高楼；投错了，眼睁睁烧钱。没错，说的是投流。

短视频"上热门"后要做什么

做抖音的，谁不想"上热门"？谁不希望成为热门之后，还能持续出爆款？谁不希望出了爆款后，可以直接变现？

那么，如果哪一天短视频不小心火了，"上热门"后该做什么呢？

（一）投 DOU+，给你的短视频升温

上热门后，你得趁热打铁，通过投放给短视频升温。很多人的首要选择是投DOU+。这是抖音的加热工具，要想低成本获取流量，果断选它。

1. 投放时长越长越好吗？

DOU+ 提供 2 小时、6 小时、12 小时、24 小时等不同的投放时长选择，在多数情况下，时长越长，投放效果越好。这个道理我们通过千次展示期望收益（expected cost per mile，eCPM）公式可以看得清清楚楚。

$$eCPM= 出价（Pbid）\times 预估点击率（eCTR）\times$$
$$预估转化率（eCVR）\times 1000$$

eCPM 越高，意味着素材越有竞争力，抖音给你匹配的流量就越好，同时流量的消耗也越快。所以，同一个素材，在相对更长的时间里，更容易通过较低的出价获得较好的数据表现；反之，在相对较短的时间里，系统为了消耗完投放额，只好被动抬高出价来提升你的 eCPM 排名。如果你已经有一笔预算，多数情况下可以先按"24 小时"进行投放。

不过，已经"上热门"的素材，相当于经过验证的优质素材，eCPM 的排名会更靠前。在抖音，抢占热点都是越快越好，你可以做的就是立刻"打爆"：毫不犹豫地选择"2小时"。

如果你想节省点成本，那就选择粉丝更加活跃的时段进行投放，事半功倍哦!

2. 希望投放定向更精准，要怎么投？

圈不同定向，看"赛马"结果。

在不确定哪个定向更精准，但素材本身足够优质的情况下，"赛马"是最好的选择，也就是分批投放。

• 将第一批预算分为 5 等份，在其他条件相同的情况下，投不同定向。如果你想尽快知道结果，在确保素材优质的前提下，时长选短的，没问题。

• 观察 5 个定向的数据表现，择优进行第二次投放（加投）。

运营处在初始阶段的账号怎么办？那就拿智能推荐和你预先设定的目标群体定向进行"赛马"，如果后者数据表现更好，那就进一步以你的初始定向模型为基准，进行优化调校。如果前者表现更佳，那就根据投放后形成的用户画像再次进行定向选择。

图 6-1

（二）拍同类素材，"以爆制爆"

都知道"上热门"会撬动抖音的推荐流量，这时会有大量流量涌来。事不宜迟，该上新素材就上，而且要尽量保证新素材与"上热门"的短视频有一些类似的元素。

1. 出"续集"

比如"秋叶 Excel"一条视频（见图 6-1）火了以后，拆（见表 6-1）！

表 6-1

选题方向	场景	关键词	加料"梗"	音效	形象元素
输入法	涨工资	测试	红包是空的	—	卷发
隐藏功能	红包	快	—	—	傻笑
录入	—	效率翻倍	—	—	撇嘴

综合这些因素，保持选题方向不变、有类似的剧情、有类似的内容结构、有大致相同的演员阵容、有类似的妆造道具等。这样，从热门视频跟过来的流量也更容易被后续的内容吸引，转化起来就更容易。这种方法适合剧情性比较强的短视频。

2. 进一步细化，做垂直内容

如果一个教化眼妆的视频火了，我是不是可以继续出教画眉毛、涂口红、打腮红的视频？后续的垂直内容做成一个系列后，同系列的视频还会相互引流。有的时候，用户会在评论区留言"蹲一个 ×××"，表明自己想看什么内容，聪明的你一定知道，用户点赞多的"催更"方向，应该赶快安排。

3. 时空转移，制造"分身"

时空转移就是在原有的爆款视频基础上，修改时间或空间元素，保留其他元素不变，创作新的视频。这样观众既有熟悉感，又有新鲜感。举例如下。

换时间：早餐怎么搭配—中餐怎么搭配—晚餐怎么搭配。

换空间：职场穿搭—周末休闲穿搭—户外运动穿搭—短途旅游穿搭……

用好这些方法，承接流量、持续输出无压力，还可能打造更多新爆款，这就是"以爆制爆"。

（三）承接流量，原地变现

1. 迅速开橱窗，开直播，小黄车挂出商品

不用怕来不及选品，抖音精选联盟里不缺卖得好的商品。

你的商品最好满足以下这几点。

• 高频消费的大众品。

• 客单价较低。

• 与账号人设相符。

• 与"上热门"的短视频内容关联度高。比如，"上热门"的视频分享的是读书感悟，直播间就卖图书文创产品。

2. 如果视频持续热门，那你就持续直播带货

"上热门"后，流量涌进来了，你还能同步做点什么？建议你迅速开启直播，并且拉长时长，把流量用到极致。

示例

抖音上某绿植账号发布的一条施化肥养花的短视频意外"爆"了。发布当天，这条短视频的播放量就突破 800 万，3 天后播放量更是突破 6000 万。一条短视频，吸粉超过 20 万。团队为了利用好这波热度和流量，迅速开启 24 小时直播，派了 4 位主播每 2 小时轮播。团队累计直播 21 天，GMV 超过 1000 万。

这相当于一条短视频就火了一家店啊！其他商家遇到这种情况，可以做点什么呢？

建议：热度不停，直播就不要停，一口气"打爆"。当然，我觉得商家更应该一开始就有所准备，不要硬是等到"上热门"后才招人马、写直播稿（有变现打算的商

家，运营初期就要把变现途径、方式等规划好）。

3. 利用热门视频的评论区，补链接

可以把挂有小黄车的评论置顶放在热门视频的评论区。相信我，迅猛的流量之下，一定有人忍不住点你的小黄车。

注意，你挂的商品与视频内容关联度越高，效果越好。如果关联度不高怎么办？那就"卖梗""卖萌"，吸引用户点进去。

 ## 这个关键指标不合格，不能投

投放为什么容易"烧钱"？往往是因为投放有偏差或者短时内还没出效果，但团队急于求成。最典型的结果：成本居高不下，ROI（投资回报率）起不来。

ROI 是什么？就是产出和投入的比值。如果你投了 100 万元，赚了 200 万元，那你的 ROI 就是 2。ROI 不合格，投放就是白"烧钱"。

（一）投放动作要跟上不断变化的 ROI

1.ROI，走一步看一步吗

投放的本质是争夺人群，越是高质量的人群，需要的出价就可能越高，转化率理论上说也相应越高。

有充足预算的话，团队可以进行如下操作。

• 投放初期通投，以抢占流量、增加曝光的方式提高转化。

• 根据 ROI 的表现调整后续定向和出价。

比如，成本为 10000 元，利润在 8000 元左右（ROI 小于 1），ROI 不理想，需要查素材、定向和出价。

同样的成本下，如果利润超过 15000 元（即 ROI 大于 1），那就加投。但加投也分情况：一种是人群其实没有那么精准，你想要降成本，那就少量降低出价；一种是你想持续放量，那就放宽定向或者提高出价。具体要根据实际来：

及时关闭 ROI 低的计划，让系统明白你不需要这些人；

及时提高 ROI 较好的计划的预算，让系统明白你要的就是这些人；

反馈的积累会让系统摸清你的需求，从而沉淀质量更高的模型。

• 进行行业调研，摸清竞争对手的出价标准。如果能用轻微的价格优势赢得优质

流量，那绝对很划算。

2. ROI 的 4 种可能

具体投放的时候，你可能会遇到这几种情况，如图 6-2 所示。

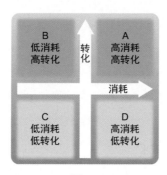

图 6-2

- A. 高消耗高转化，ROI 一般。

特点：人群精准，但出价也高。

分析：适当降低出价（每次调整的幅度控制在 10% 以内）。

- B. 低消耗高转化，ROI 还行。

特点：人群非常精准，但流量池已经很小。

分析：适当放宽定向，扩大人群，增加展现，出价暂时不变。

- C. 低消耗低转化，ROI 一般。

特点：人群不精准，出价过低。

分析：调整定向和出价，可先调整定向，带动转化；根据转化效果收窄定向；最后提高出价，争取人群更精准。

- D. 高消耗低转化，ROI 很低。

特点：定向过宽，人群较泛，出价偏高。

分析：调整、收窄定向；紧盯效果，小幅度降出价。

实战的时候，ROI 的表现会随着投放的调整，在上面的 A、B、C、D 4 种情况中不断转变。你要做的就是不断优化，并记录数据，探索出符合你账号和团队的模式。

（二）"支付 ROI"，用还是不用

"支付 ROI"（见图 6-3）是千川 2022 年正式上线的投流工具，千川沉淀了足足一年才推出这个新功能。

图 6-3

1. 为什么会出现"支付 ROI"

DOU+ 投放的 ROI 具有很大的不确定性,但是"投手"和商家可能更追求确定的 ROI 结果。频繁盯盘太麻烦,"支付 ROI"就应运而生。它的好处是直接给出目标,提升投放效果,还可以减少盯盘、改价的麻烦。

设置目标的时候,商家可以搭配其他计划一起使用。

2. 怎么设置"支付 ROI"

• 客单价比较稳定的直播间。以账号 7 天内的实际 ROI 为参考项,先设置一个小于或等于这个 ROI 的数值。比如,平常直播间卖的主要是 20 元 ~ 50 元的日化品,近 7 天的 ROI 大概在 2.8。那么,"支付 ROI"的目标可以取 2 ~ 2.8,这样更容易放量。

• 客单价差异较大的直播间。根据直播间往期同档位产品 ROI,先取一个稍低的目标值,再根据数据反馈,逐步提高。比如往期的洗护类专场直播,ROI 为 3,"支付 ROI"目标可以先取 2.5,随后根据数据反馈逐步上浮。

（三）花钱太多？如何获得自然流量推荐

自然流量,就是不用额外付费就能获得的流量。自然流量的主要来源包括粉丝流量、直播推荐流量、视频推荐流量等,如图 6-4 所示。除了短视频流和直播流外,进入直播间的入口有哪些?

免费流量入口,你都打通了吗?

1. 关注页

仅向粉丝展示。

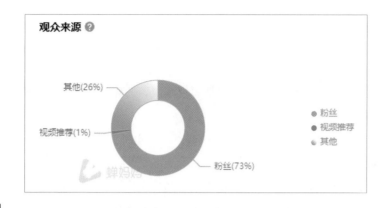

说明

粉丝：通过粉丝推荐和关注页面进入直播间。

视频推荐：通过达人视频（包含投流视频）推荐进入直播间。

其他：通过直播广场推荐、Feed Live 投放、外部引流等进入直播间。

图 6-4[①]

检查项：直播时多引导用户点击"关注"。

2. 达人主页

达人账号主页。

检查项：人设、赛道、直播信息等。

- **背景图：**直播预告海报，包含时间、主题、配图。
- **账号名称：**赛道＋昵称＋直播时间＋直播主题。
- **账号简介：**人设＋赛道＋直播时间＋内容预告。

3. 同城页

根据距离、行为、兴趣等进行推荐。

检查项：无论视频还是直播，都可以打开定位，吸引同城人群。同城推荐流量对运营初期的账号来说尤其重要。

4. 直播广场

根据人气、距离、行为、兴趣等综合推荐。

检查项：直播封面、标题。

5. 推荐流

根据行为、兴趣等推荐。

---

① 截图来自蝉妈妈。

检查项：视频推荐流和直播推荐流。

• **提前预热**。强调直播主题、爆品、福利、开播时间等。

• **同步引流**。剪辑直播间高光片段（往期或当期），引发用户观看兴趣。可每半小时发布一条这类引流视频，但注意保持短视频内容的趣味性，口播及画面不要出现过于明显的广告。

• **直播间"人货场"**。人、货、场要协调，优化实时直播画面和主播话术。

6. 搜索

首先，搜索适合的品牌、有记忆锚点的产品。

其次，普通商家也可以通过关键词优化撬动更多自然流量。

• **分词法**。将长尾词或句子拆分为词或词组。比如，将"学办公软件，认准秋叶品牌"改为"办公软件""学习""秋叶品牌"等词或词组，用空格间隔开。

• **组词法**。将标题拆分为词或词组，再组合这些词或词组。比如，将"怎么练习发声"改为"发声技巧"，将"怎么化妆既显气色，裸妆感又好"改为"显气色裸妆"等。

• **用同义词或有关联的词替换某些关键词**。比如用"成交额"替换"GMV"等，因为前者的使用率更高。

• **其他**。抖音搜索框推荐词、搜索引擎推荐词、巨量引擎推荐热词。比如，在搜索引擎中输入"美妆"，对话框的下拉列表中会弹出"美妆相机""美妆蛋""美妆博主"等词条，它们是引擎记录下的搜索频率很高的词，借用这些词也能让我们更容易被搜索。

7. 订单中心

当你的产品比较有吸引力（用户曾多次浏览你的产品或同类产品，甚至曾添加其到购物车或下单），你的直播间或产品可能出现在用户订单页下方的"你可能会喜欢"栏目及订单下方的"精选"中。

检查项：产品性价比，从物流、客服、售后等方面提升小店体验分。

8. 连麦 PK

连麦 PK 前主播肯定得有所准备，因为这是一个快速渗透用户的工具。

• 遇到大主播，多夸多赞、主动关注、积极互动，博得直播间用户好感。

• 遇到小主播，主动询问对方喜欢的 PK 类型，展示风度，赢得对方和用户的好感。

顶级"投手"的巨量千川攻略

都说千川投放门道多：投得好，小额撬动千万 GMV；投得不好，赔了钱又输流量。下面我们一步步来分析商家应该怎么"玩赚"千川。

（一）底层逻辑：让对的产品遇到对的人

先了解投放的底层逻辑，才能弄懂投放。投放的底层逻辑，就是花一定的价钱买到尽可能精准的流量，让对的产品遇到对的人，从而带来转化。eCPM 公式如下。

$$eCPM = 出价（Pbid）\times 预估点击率（eCTR）\times$$
$$预估转化率（eCVR）\times 1000$$

如果你想提高 eCPM，你可以努力的方向不外乎：一，优化出价；二，提高点击率；三，提高转化率。

1. 出价

出价会影响跑量（流量投放带来的数据效果）和成本，但合适的出价只能通过摸索得到，所以一般的做法是阶梯出价。比如，先出价，如果数据还可以，接下来想要放量，可以提价 5%；反之，如果想要控成本，接下来可以降价 5%。

不要大幅度、高频次修改出价，单条计划调价尽量不要超过两次。每次调整的幅度控制在 5% ~ 10% 的范围。

2. 点击

选题、封面、标题、文案、直播间画面、主播话术等都会影响到点击率。这需要根据情况进行排查优化。

3. 转化

考验直播间主播承接流量、促进成交的能力，重点检查话术。

（二）产品：对的产品才是转化基础

1. 千川爆品都"长"什么样？

选品真的很重要，它是带货成功的基础。想通过千川"爆量"的商品，往往具有以下几个特征。

• **卖点明确。**卖点的维度包含：品质、感官体验、创新、包装设计、服务、资质、社交属性、价值共鸣、稀缺性、价格、附加值等。

• **卖点可视化**。比如：通过夸张的拉扯展示衣服的弹性。

• **性价比高**。比如：现在下单，立减 200 元，送一瓶价值 59 元的 ×××，再送一包价值 39 元的 ×××。

• **可靠背书，打消顾虑**。可靠的背书包括：

人设稳定可靠的主播无套路推荐，前提是可靠、无套路；

第三方测评；

知名 KOL 推荐；

售后保障，如 7 天无理由退换、假一赔三、赠送运费险、一对一答疑等；

品牌背书，如大品牌，全国联保。

2. 持续跟踪产品，优胜劣汰

根据点击率和转化率的高低，可以把产品分为这 4 种类型：热销品、潜力品、衰退品、边缘品，如图 6-5 所示。

图 6-5

• **热销品**：点击率高，成交率高。

特点：属当红产品。

分析：在库存充足的前提下，为其争取更多曝光量，比如延长直播讲解时长、增加展示方式，同时加大投放。

• **潜力品**：点击率低，成交率高。

特点：有成为新爆款的可能。

分析：优化素材和讲解话术等，在高峰时段增加曝光，多方向测试、孵化新爆款。

• **衰退品**：点击率高，成交率低。

特点：点击率高意味着产品具有一定吸引力，成交率低意味着用户对该产品有顾虑，比如担心价格过高、物流不及时、所见非所得、不久面临换季等。

分析： 先梳理原因，再对症下药，从价格优惠、产品组合包、增强视觉化展示、提高物流效率等方面进行针对性优化。

- 边缘品：点击率低，成交率低。

特点： 非主流产品，其点击率与成交率双低的原因，要么在于投流方向偏差较大，要么在于产品本身"不抗打"。

分析： 从卖点、可视化、性价比、背书这 4 个维度梳理原因，如果梳理后认为产品本身问题不大，就多定向测试不同群体；如果该产品 4 个维度的综合得分较低，可放弃或作为福利发放。

（三）素材：打铁也需自身硬

都知道优质内容"吸粉""吸热度"，与此同时，内容本身也在划分人群：内容的质量决定了用户愿不愿意点开链接或者点进直播间。

从 ROI 的角度看，怎么筛选优质素材做投放呢？

1. 素材分类与计划组

素材可能是多元的，比如往期（或实时）直播间高光片段、主播口播、主播访谈、场景化植入、故事性植入等。总结起来，可以分为口播、高光片段、情景剧、生活分享。

对于素材的不同组合，可以生成不同的创意。对于创意的不同流量投放方式，就构成了不同的计划。

接下来按照"类别—创意组—计划"进行划分，如表 6-2 所示。

表 6-2

口播类		高光片段类		情景剧类		生活分享类	
创意 1		创意 1		创意 1		创意 1	
计划 1	计划 2	计划 1	计划 2	计划 1	计划 2	计划 1	计划 2
计划 3	……	计划 3	……	计划 3	……	计划 3	……
创意 2		创意 2		创意 2		创意 2	
计划 1	计划 2	计划 1	计划 2	计划 1	计划 2	计划 1	计划 2
计划 3	……	计划 3	……	计划 3	……	计划 3	……
……		……		……		……	

注意：情景剧类和生活分享类素材真实感强，更容易吸引人群。口播类素材结尾可设置引导转化的话术，效果更直接，但话术不宜太"硬"，整体依然要保持"抖音范"。

同时创建不同计划，进行"赛马"，剔除数据表现不佳的计划，减少或优化 ROI 相对落后的计划，扶持 ROI 表现优秀的计划，直到衰退。

2. 素材不"起量"≠素材不行

素材的考察项主要包括：点击量、3 秒完播率、整体完播率、转化率。

素材不"起量"不等于素材本身不行，我们可以采取以下方法进行调整。

• 改定向。按照上文提到的定向方法进行调整，多计划"赛马"。

• 提高出价。提高出价，优化排名，从而改善素材的数据表现。

• 调整投放节奏。根据数据表现筛选和调整计划，比如直播间在线用户流失较多，需要增加人数时，可以筛选出点击量与观看量较多的计划，复制后将转化目标转化为点击量等容易达成的目标，适当提高出价（10% 以内）。

• 调整时段。确认投放时段是否竞争过于激烈，或者投放时段与精准用户活跃时段是否匹配。如果竞争过于激烈，可适当提高出价（10% 以内）；如果投放时段与精准用户活跃时段不一致，需要确定用户主要活跃时段再投。

3. 素材短暂"爆"后就熄火

素材短暂火爆后陷入低谷，这并不少见，只能说用户的审美疲劳来得很快。但是，原有计划依然具备有效性，完全可以复制该计划，换素材投放。

（四）定向：投错人群，努力归零

做定向之前，要明确的问题：你的定向打算精确到哪种程度，用户规模如何选择能最大程度提升 ROI。

1. 定向的分类

定向有 4 种：基础定向、达人定向、徕卡定向、DMP 定向。

• 基础定向。覆盖面较广，放量速度较快，但投放不够精准，自然而然数据表现一般。适合测试初期。

• 达人定向。精确度比基础定向高。适合测试初期及尝试扩大投放群体时期。

达人的选择要点如下。

首先，毫无疑问，选同品类的带货达人。你是图书带货主播，就对标图书类达人。

其次，选粉丝精准的垂类达人。我们团队运营初期曾经购买过某头部知识主播的粉丝人群构成的流量包，但我们疏忽了，那位知识主播主要是用"人设"来吸引粉丝的，最终的转化率很不理想。

再次，投产品价位可对标的同领域达人。同样是职场线上教育赛道，花 9.9 元买网课的人群与花 2000 元买网课的人群会一样吗？不会。

• **徕卡定向**。徕卡定向就是行为兴趣定向，精确度较高，覆盖面相对更窄。适合模型初步形成，优化调整时期。设置要点如下。

行为 > 兴趣。兴趣不必然导致行为，有直接电商行为的用户，才是你要的。

徕卡定向的关键词选择：产品词、功能词 > 人群特征词、行业类目词。这 4 类词的示例如表 6-3 所示。

表 6-3

品类	产品词	功能词	人群特征词	行业类目词
零食	薯片、饼干、瓜子、坚果、葡萄干、肉脯、牛肉干、板栗仁、鸭脖、鸡翅	解馋、饱腹、解闷	白领、学生、"追剧族"	食品、膨化食品、肉脯、果脯
网课	办公软件、办公技能、Office、Word 文档、PS、Excel 表格、手绘、个人品牌、写作	职场竞争、软实力、升职加薪、找工作、职场提升	白领、大学生、职场新人、会计、文员、综合管理	在线教育、职场教育

• **DMP 定向**。DMP 定向方便运营者通过标签广场组合想要的用户标签。标签大类及具体内容如表 6-4 所示。

表 6-4

标签大类	内涵	具体标签
八大消费者	根据消费者地域、年龄、消费能力生成	小镇青年、小镇中老年、Z 世代、精致妈妈、新锐白领、资深中产、都市蓝领、都市银发
品类人群	根据消费者主要消费品类划分	3C 数码、母婴图书、食品饮料、酒 / 滋补保健、生鲜、农资绿植、智能家居、珠宝文玩……
基础人群	根据消费者的年龄段、性别比、消费情况等划分	年龄、性别、消费能力预测、城市级别
广告账户人群	广告计划已触及的人群	—
直播间人群		—

对于五大类标签和其下的具体标签，我们可以进行交集、并集或排除选择。

使用建议：用交集筛选出更精准的群体，适合建模成功的直播间做增量。

2. 定向组合"玩法"

既然不同定向可以做交集、并集或排除选择，那我们当然可以进行组合定向。但我建议大家做交集，而不是并集。为什么呢？

看看图 6-6 你就懂了：交集筛选的是符合多个定向的精细人群；并集圈定的人群非常广，有点通投的意味了。

做交集还是并集的问题解决了，接下来看看怎么组合。

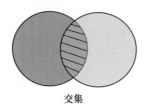

交集　　　　　　　　　　并集

图 6-6

• **两两交集组合定向**。可以从前述 4 种定向类型中选择其中两种进行组合定向，比如"基础定向 + 达人定向""基础定向 + 徕卡定向""达人定向 + 徕卡定向"等。

通过这样的两两交集组合，用户群体会进一步收窄，精确度会提升很多。当然，前提是定向的大方向没有跑偏。

• **三三交集组合定向**。三三交集圈定的用户群体比两两交集更精准，只不过预计会更窄。这种定向方法更适合产品覆盖面非常广的大众爆品。

另外一种可能是，你在原有的优质"爆量"模型基础上，想通过这种收窄定向的方法拉高 ROI，这是可以探索一下的。

3. 用户群体规模：定向的宽窄度问题

用户群体过宽或过窄都会影响我们的 ROI，但提前划定用户群体规模分层金字塔可以规避这个问题。比如，我们可以按照所在行业的特点，把用户群体规模从大到小划分成 5 个层级：A 级、B 级、C 级、D 级、E 级，如表 6-5 所示。

表 6-5

图示	用户群体规模（示例）	说明	配比
	E 级：80 万人以内	用户群体过窄，不建议测试	0%
	D 级：80 万～1000 万人	用户群体较窄，少量测试	15%
	C 级：1000 万～5000 万人	宽窄适中，作为主流计划	40%
	B 级：5000 万～8000 万人	用户群体略宽，作为辅助计划	30%
	A 级：8000 万人以上	用户群体较泛，少量测试	15%

注：图表中的用户群体规模仅为示例，不同行业商家需根据自身行业情况划定用户群体规模分层金字塔。

A级用户群体最广，也最泛（可能是基础定向），相应的计划就少配比。

B级与C级用户群体宽窄适中（可能是某个初级定向或两两交集组合定向），适用于我们的主流计划，加大配比。

D级用户群体较窄（可能是某个三三交集组合定向），少量测试即可。

E级用户群体非常窄，不建议进行测试。

按照分层金字塔来分配不同用户群体宽窄度的计划，能提高计划的效率，既能保证有精准方向的尝试，又能确保计划有一定的用户基数，不至于剑走偏锋。

4. 定向的测试和细化

确定初级定向、定向组合、不同定向的占比问题后，接下来需要多轮测试。我们可以先拟出测试表格，有条不紊地一步步进行。

第一轮测试如表6-6所示。

表6-6

分类	示例			
测试定向类型	基础定向A	达人定向A	达人定向B	……
测试定向目的	筛选匹配人群	筛选匹配人群	筛选匹配人群	……
测试结果	ROI：0.9	ROI：0.2	ROI：1.1	……

剔除ROI表现不好的"达人定向A"计划等，增加新的计划。

对于第一轮测试中ROI表现不错的计划，进行优化调整：对于用户群体较泛的计划，尝试收窄用户群体（一个因素变，其他因素不变，进行多计划"赛马"）；对于用户群体适中或较窄的计划，抬高出价，优化排名。

第二轮测试如表6-7所示。

表6-7

分类	示例			
测试定向类型	基础定向A	基础定向B	达人定向B	……
测试定向目的	细化人群，提升ROI	细化人群，提升ROI	细化人群，提升ROI	……
测试结果	ROI：1.1	ROI：0.6	ROI：1.6	……

同类相比，剔除数据表现不佳的计划，减少或优化ROI相对落后的计划，扶持ROI表现优秀的计划，直到衰退……

短时间内看，定向可能相对稳定。但从两周或更长的时间跨度来看，定向是一个需要不断优化与调校的过程，没有终点。

（五）转化目标：不要盲目追求一步到位的神话

投流时不能急于求成，直接奔着商品点击和直播间下单去。目标合适才更容易顺利转化。

1. 分清目标的浅与深

转化目标分为浅层转化目标和深层转化目标。

• 浅层转化目标。如使用户进入直播间，增加直播间评论，提高直播间粉丝量等。浅层转化目标不直接指向用户的下单、转化等行为，但是通过直播间的话术引导、福利吸引、产品吸引等，用户可能会产生进入、评论、关注等行为，也不排除下单的可能。

• 深层转化目标。如直播间商品点击、直播间下单、直播间成交等。深层转化目标直接指向用户的下单、转化等行为，能真正带来转化。

浅层转化目标与深层转化目标的内容与前提条件、使用场景如表 6-8 所示。

表 6-8

转化目标		说明	前提条件	适用场景
浅层转化目标	使用户进入直播间	快速引流，带动数据	定向精准，直播间可有效留人	适用于想迅速提高人气的直播间，最好搭配不同转化目标计划，进行组合投放
	增加直播间评论	活跃直播间氛围，带动用户互动	定向精准，主播可有效承接	少量小额投放，适用于互动率不理想的直播间
	提高直播间粉丝量	使账号粉丝数有所增加	定向精准，有精确用户画像，主播可有效承接	可投相似达人粉丝，适用于粉丝转化不理想或者流失了一些粉丝的直播间
深层转化目标	直播间商品点击	测试素材有效，获得优先推荐，ROI 与跑量表现均较好	定向精准，产品为高频、低客单价，主播可有效引导	适合客单价低、产品决策周期短、转化能力强的直播间
	直播间下单	转化目标相对精准	定向精准，产品为高频、低客单价，主播可有效引导	需观察商品实际成单比例，适用于想提高成交和转化率的直播间
	直播间成交	转化目标相对精准，此为核心的转化功能	定向精准，产品为高频、低客单价，主播可有效引导	需观察商品实际成单比例，适用于想提高成交和转化率的直播间

2. 由浅入深，ROI 更有保障

浅层转化目标与深层转化目标的主要差异如表 6-9 所示。

表6-9

转化目标	难易程度	出价	适用场景
浅层转化目标	相对容易实现	流量相对便宜，放量快	新手直播间，开场拉升流量
深层转化目标	相对实现难度更大	流量相对更贵	经验丰富，有承接、引导能力的直播间

两种目标实现的难易程度不同，对于多数商家来说，转化目标的选择应该由浅入深，这样 ROI 表现会更好。有经验的商家要根据实际情况选择。

（六）衰退期：计划进入衰退期？这样做就行

1. 投放阶梯

投放时应该控制节奏，在不同阶段采取不同策略，形成自己的投放阶梯。冷启动期、成熟期及衰退期的特征及目标设置重点等如表6-10所示。

表6-10

阶段	冷启动期	成熟期	衰退期
目标	寻找精准用户群体	沉淀模型，扩大人群，提升 ROI	调整计划，降低成本
特征	成本较高，消耗较慢	成本比较稳定，"起量"	受众疲软，成本增加，难以"起量"
策略	适当提高出价（上浮不超过 40%）"抢量"	搭配智能放量，在原有模型基础上扩大用户群体 需要降低成本，可以降低出价；想继续"跑量"，在 ROI 不错的前提下，可以小范围提高出价	复制计划，优化调整，换素材尝试
转化目标设置	直播间商品点击、使用户进入直播间等	直播间下单、直播间成交	直播间下单、直播间成交

2. 计划投不动？谁动了你的奶酪

• 自我排查。先看看是不是素材或直播间的原因。检查素材质量和直播间流量承接技巧，优化素材和直播间话术等。店铺的综合体验分较低也会影响投放。

• 合理提高预算。如果账户里明明有钱，但就是花不动，问题可能出在预算上。当预算过低，系统分配的流量也会很少，这就导致有钱也花不了。一般建议比实际预算上浮 10% ~ 20%。

• 扩大用户群体。用户群体过窄也可能导致消耗太慢，投流投不动。可放宽定向或者选择智能放量。

• 留意竞品。竞品账号如果推出了优质素材，也可能"吸"走大量流量。这时，你可以在优化素材的同时提高出价，设法从对手那里抢回流量。

3. 计划进入衰退期怎么办？

先试着拯救一下。

第一步，提高出价（上浮控制在 10% 以内），看数据表现。

第二步，打开智能放量或者扩大定向范围，看数据表现。

两种办法都是在摸索新的用户群体，如果成本持续增加，转化数据并无起色或依旧下滑，那这条计划就救不回来了。

4. 为避免计划衰退后数据滑坡，运营团队该怎么做？

• 复制旧计划，优化调整。"跑量"不错的计划，在一两周后也可能衰退甚至快速滑坡，但旧计划之所以能"起量"，是基于一定的成功模型的，这个模型还可以开发利用。

• 持续上新。一定要每天上新计划，不能等到旧计划跑不动了，才开始简单复制。

第七章

搭建高效抖音团队

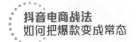
独战考验能力和耐力，团战讲究策略和智慧。

当转折点来临：从一个人到一个团队

从试水抖音、浅尝直播、迎来第一次变现，到着手搭建一个团队，是哪个转折点来临，让你决定扩大队伍？该怎么在实战中判断，什么时候该走哪一步？

（一）没有跑通最小模型，不要盲目扩张

做抖音，当然是为了抓住红利。但是我们也看到，有的队伍技巧都会、策略全懂，但最后团队做不下去。问题出在哪里？

1. 最小模型：追求小范围内的最有效策略

当流量涌来的时候，做什么都是顺的，仿佛遍地都是金钱，一捞一大把。每到这个时候，有人免不了觉得：我是不是该招一个客服来应付用户的询问，是不是该招几个高颜值达人提升内容？

可你怎么确定你的想法就是真实需要？流量的潮水说退就退，来不及调整是不是就会"割肉"？

最开始做抖音的时候，你一定有一个最精简的配置，它打通了从内容到变现的整个流程，形成一个良性发展的链路，帮助你达成小范围内的最有效策略。

这就是你的最小模型，如图 7-1 所示。

个人IP＋垂直业务	内容"种草"＋商品橱窗
才艺直播＋打赏变现	知识输出＋课程变现

图 7-1

2. 跑通最小模型，稳定变现路径

搞定最小模型后，怎么判断能不能稳定复制？答案是"看能不能稳定变现"。

目前，抖音主流变现模式如下。

• **内容变现**：寻找任务（如"星图任务"），创作内容变现。完成官方任务（如"全民任务"），赚取佣金。

• **广告变现**：与广告主合作，或者为线下店面引流。

• **电商变现**：开通橱窗，带货。

• **直播变现**：表演才艺等，赚取打赏；挂小黄车，带货赚佣金。

• **社群变现**：通过内容吸引精准用户，引流到自己的社群，为社群设置付费门槛。

• **知识变现**：打造个人 IP，输出知识内容，吸引用户购买课程。

• **资源变现**：打造个人 IP，吸引优质资源，触发合作机会。

在不同的变现路径中，跑通最小模型后，实现稳定持续变现，这是你扩大规模、招兵买马的前提。稳定持续变现的特征如下。

• **内容**：视频观看时长为视频总时长的 30% 以上，或直播间平均停留时长大于 15 秒。

• **涨粉**：涨粉率为正值，处在正常区间，没有因为带货出现严重、持续掉粉现象。

• **投放**：投流情况正常，出价在行业正常范围内，不需要通过过高的出价费力买流量。

• **ROI**：整体 ROI 大于设定目标值，ROI 值较稳定或处于爬升状态。

（二）按业务增量扩队伍，而不是光图省事

跑通最小模型后，是不是就可以招兵买马，大干一场？

也是，也不是。

1. 有时候你以为的烦琐工作，并不真的饱和

后台消息好像有点多，再招一个客服是不是更省事？"盘子"想做大一点，招一个"投手"是不是有帮助？

不一定。

• 烦琐工作的表象后，实质的工作内容并不一定能撑起一个岗位的工作量。比如客服工作，也许你每隔一段时间就要回复一些信息，你以为你需要客服，真招了人你就会发现，其工作量达不到一个岗位的工作量。

• 对于一个团队来说，这样的人员扩张不一定带来更好的结果。比如客服，在团队人少的情况下，助播、运营或场控人员都可以兼任。如果额外招一个客服，首

先他的工作量可能并不饱和；其次，工作量的差距可能会影响团队的干劲；最后，在没有业务增长的情况下，招新员工会增加成本。

通盘考虑，这种情况下招人并不明智。

2. 扩大团队的真正拐点，是业务增量

如果说烦琐的工作并不能作为需要扩大团队的标志，那什么才是？

是业务增量。当业务的增速明显已经超出团队的承接能力，也就是说生意有了也做不了，可能会浪费大好流量的时候，为了承接业务，必须加人了。

3. 合适人选，内部培养

直播团队要扩大，是不是挖一个经验丰富的主播过来就行？

我的建议：与其外部招人，不如内部培养。比如，主播可以从跟播经验丰富的助播、助理中挑选，"投手"可以从经验丰富的运营中培养。内部培养的伙伴，对新工作的接受度更高，合作的磨合期更短，这样算下来，对团队很有好处。

（三）不同体量，选不同的团队配置

根据直播间资源投入状况及营销目标，可以把直播团队配置分为初创型、小而美、扩大版等。不同的团队配置，有不同的运营策略。

1. 初创型：1 ~ 2 人团队

直播新手在直播初期并没有很高的流量要求，也没有明确的变现目标，只需要自编、自导、自演、自播就能够完成直播工作。团队仅需要 1 ~ 2 人，做主播和运营工作。

运营策略如下。

• 短视频吸引粉丝 + 定期直播。在输出优质的短视频内容的同时，定期以高频率、低时长模式试水直播。直播不必追求"带货"效果，主要是为了熟悉介绍商品的方法，但需要注意直播间用户的反应，以了解采用什么样的介绍方式能够引起用户的观看和交流兴趣。直播时长虽短，但主播可以穿插抽奖活动，引导直播间的用户关注账号、给直播间点赞。

• 逐渐增加直播方面的工作量。随着对直播流程和"带货"模式的日益熟悉，主播可以逐渐延长直播时长至 2 ~ 4 小时，不过，由于团队人数少，每场直播时长不宜超过 4 个小时；直播间的商品数量也可以增加至 2 ~ 5 款。

2. 小而美：3 ~ 7 人团队

如果要在初创型团队基础上增加人员，最好配置有助于提升直播内容的人员，即

编导和助理。

运营策略如下。

• **调整短视频方面的工作**。减少短视频的发布量，将工作重心放在直播"带货"上；同时，在短视频平台，逐渐改为发布精彩、有趣的直播片段，以吸引短视频平台用户转化为主播或直播间的粉丝。

• **优化直播内容**。在直播内容上，直播团队可以根据直播间的用户画像及目标用户画像，逐渐优化直播过程中各个环节的互动内容，包括但不限于直播开场设计、抽奖设计、介绍商品的节奏、推荐商品的话术、评论区引导、直播前的宣传引流策划、直播后各个平台的扩散策划和话题策划等。

• **调整直播时长**。时长可以保持在 4 小时左右，直播间推荐的商品可以扩大到 7 ~ 10 款。

3.扩大版：8 人及以上

增加选品人员、"投手"、运营人员等。如果说前面的团队升级是为了做好"直播内容"，那么，这次升级则是为了做好"营销"：提高直播间的"带货"成绩，展现直播账号或主播本身的品牌价值。

运营策略如下。

• 充分了解直播平台的运营规则、活动规则、用户推送规则，关联自媒体平台的用户运营策略，以及直播行业的发展趋势、消费趋势、竞品动态等信息，从而通过专业化的运营，有策略地增强直播账号和主播的影响力。

• 选品团队可以进一步挖掘用户需求，根据用户需求去选择更多合适的商品。

• 团队可以实现 2 套"1 主播 +1 助理"的直播配置，可以适当增加每周的直播场次，也可以定期增设 2 名主播和 2 名助理共同出镜的大规模直播营销活动。

• 在岗位安排上，直播团队按照现实的业务需求，可以继续对某些工作进行人员补充。例如，直播团队可以招募图文设计、文案策划、视频剪辑、数据分析等专业人员，从而进一步优化运营环节的工作。

在人数上，直播团队几乎没有上限。有的头部直播团队，人员超过 1000 人，开设了大大小小几十个，乃至上百个直播间。

二　左手内容团队，右手电商团队

我在《抖音思维》中提过，抖音的短视频流量池和直播流量池，其实是两个池子。确实不乏团队单靠短视频或直播在抖音做出成绩，但长远来看，"内容＋直播"是发展趋势。

（一）内容团队：长效"涨粉"

内容团队指的就是短视频组，一般包含策划人员、出镜达人、拍摄剪辑人员等。

1. 策划人员

策划人员的工作内容主要有3个部分：IP策划、内容策划、风险把控。

• IP策划。根据品牌定位、用户画像等设计账号IP，并在运营的过程中微调。

• 内容策划。作为短视频内容的主要创作者，提供选题、脚本等。

• 风险把控。检查文案、脚本、画面等是否符合平台要求，同时持续通过私信、评论等观察用户反馈，据此调整策划。

2. 出镜达人

出镜达人在短视频中出镜，演绎剧情故事，也可以配合做策划和脚本。出镜达人可由主播兼任。

3. 拍摄剪辑人员

拍摄剪辑人员负责从拍摄到剪辑短视频等工作，可由同一个人完成一条或同一系列短视频的交付。

（二）电商团队：流量变现

电商团队分为策划运营组、直播组、支持组。

1. 策划运营组

策划运营组负责策划直播活动，确定直播的主题、产品、时长、脚本、福利活动、人员安排等。策划运营组成员包括编导、运营人员、选品人员、"投手"等。

• 编导。策划直播活动，写直播脚本。

• 运营人员。协调团队人员，进行数据监控，负责产品上架下架、顺序优化、卖点图文提炼等。

• 选品人员。负责维持供应链资源，选品、品控、测品、梳理卖点、提出定价建议、统计库存等。

• "投手"。根据需要制订推广投放策略，对短视频、直播活动进行投放，沉淀模型，持续追踪、迭代投放计划。

2. 直播组

直播组负责开展直播，展示产品，与观众互动，结束后开展直播复盘，推动直播优化迭代。直播组成员包括主播、副播、助理、场控人员等。

• 主播。开播前：熟悉直播脚本、产品情况和卖点。开播时：负责直播间产品讲解、展示，与观众互动；引导用户关注、进群等。结束后：参与直播复盘，对流程、脚本等提出优化意见；时不时在粉丝群"冒泡"，增强用户黏性；强化"人设"，输出优质内容。

• 副播。配合主播展示产品、现场体验或示范，补充卖点、故事，介绍活动、规则，引导用户关注等。

• 助理。跟播，配合直播间的准备和现场工作，比如布景检查、灯光检查、产品顺序及摆放检查。有时也配合直播间营造氛围、与观众互动，或者作为副播上场。

• 场控人员。开播前：调试设备。开播时：配合上链接、改价、控评、"过品"提醒等，管理直播秩序，控制直播节奏，促进成交；调试音量、音乐等，强化直播间氛围；遇到异常情况，及时传达给主播或运营并迅速反应。

3. 支持组

支持组负责配合团队，开展售前售后服务，确保发货时效与用户的物流体验。支持组成员包括客服、物流人员等。

• 客服。及时响应用户咨询、疑问，处理咨询、退换等各种售前售后问题，提高成交率、好评率。

• 物流人员。负责产品打包、发货，确保发货时效及用户的物流体验等。

（三）团队薪资与奖励：分模式、分情况

1. 选择适合你团队的薪资模式

直播团队主流的薪资模式有 3 种：普通模式、激励模式、合伙模式，如表 7-1 所示。

普通模式比较多见，适合成熟、稳定、有一定规模的团队。激励模式和合伙模式对员工的激励更大，适合处在上升期或运作已经十分成熟的团队。

表 7-1

薪资模式	分析	示例
普通模式	薪资由固定的无责底薪、直播提成和年终奖构成	6000 元底薪 +1% 提成 +10000 元年终奖
激励模式	薪资由底薪、直播提成、阶梯绩效和年终奖构成	4500 元底薪 +0.6% 提成 +A 级绩效 +A 级年终奖（A 级绩效：5000 元；B 级绩效：4000 元；C 级绩效：2800 元；D 级绩效：0 元。一年获得 5 次 A 级绩效，可获得 A 级年终奖 20000 元）
合伙模式	薪资由利润抽成和年终分红组成	月度净利润的 8%+ 年终净利润分红 30%

2. 面对爆款，怎么奖励

爆款火了之后，奖励得当，会激励团队继续开发新爆款；激励得不对，员工落差太大，反而影响效率。怎么做？把握好这两点。

• 爆款生产流程化，对标绩效。

将爆款生产流程化：爆款的诞生—爆款"加速"—爆款复制—创造新爆款—流量承接—流量变现。

爆款的生产，对标团队成员的绩效。也就是说，达到爆款的内容质量要求的，就给绩效。这样的好处是团队争相向爆款生产靠拢，但不会因为收入差距大导致过大的落差和隔阂。

• 爆款成绩，对标奖金。

当爆款迎来"10w+"赞，或者观看量超过千万等时，采用额外奖金激励。

唯快不破：加快你的团队裂变

"东方甄选"用半年涨了 100 万粉丝，之后突然走红，又在 3 天内"涨粉"100 万。随后，只用了一周左右的时间，"东方甄选"粉丝量就从百万级狂飙突进到千万级。

流量说来就来，你必须快速反应。

（一）扩大账号矩阵，加强曝光

扩大账号矩阵之后，你能辐射更多用户。怎么做？分 4 步。

1. 第一步：经验拆解

拆解现有成功经验，对这些元素重新进行排列组合，如图 7-2 所示。

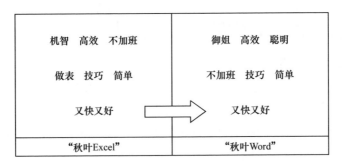

图 7-2

2. 第二步：建矩阵

根据团队的运营能力，建立账号矩阵，示例如表 7-2 所示。

表 7-2

类型	分析	示例
大 IP+ 小账号	先打造一个爆款 IP，然后围绕这个 IP 多方向设计账号，形成矩阵	"papi 酱" + "迷你 papi 酱""papi 家的大小咪"
团队账号 + 独立"人设"	团队账号和独立"人设"账号同时存在，互相引流	"东方甄选"+"董宇辉""顿顿顿顿顿""东方甄选明明""东方 YOYO" 等
母品牌 + 子品牌	做大母品牌影响力的同时，打造定位和内容更加垂直的子品牌账号，辐射各板块精准用户	"秋叶旗舰店" + "秋叶 Excel""秋叶 Word""秋叶 PPT""秋叶 PS" 等
品牌 + 门店 / 员工	品牌号与店员、门店号	某珍珠品牌 + 总裁号、设计师号、模特号等

3. 第三步：风格设计

• 从"人设"角度，确定"我是谁"。

"人设"：外形、性格、特长、癖好、年龄、身份、专用道具、口头禅……

• 从价值角度，确定"我提供什么"。

价值：干货、搞笑、优惠、励志、治愈……

以"秋叶 Excel"达人"表哥"为例，其风格分析如表 7-3 所示。

表 7-3

"人设"（我是谁）	外形：阳光帅气	特长：做表速度快，准时下班	身份：工资虽低却能与老板斗智斗勇
价值（我提供什么）	干货：Excel 制表技能	搞笑：与老板斗智斗勇，永远不加班	

4.第四步：IP 互推

独立的抖音号可以相互客串、引流。比如抖音上的家人团："疯狂小杨哥""疯狂大杨哥""疯狂小杨嫂""杨妈""杨爸"，每个人都有独立的人设，相互引流。

也有一种情况是多个账号通过频繁的互动，给外界一种"CP 感"，比如"东北人（酱）在洛杉矶"经常与"小野不听话""Jagger 介个桔梗"等来自东北的网红互动，相互出镜、评论、"@"等，形成了独具特色的"东北团"。

（二）增加直播时长与场次，承接流量

- **时长**：根据用户主要活跃时段延长直播时长。
- **场次**：根据用户喜好安排不同时段的多场次直播。

不同时段的特点如表 7-4 所示。

表 7-4

日期	时段	分析
工作日	上午场：6:00 ~ 9:00	观看用户多为上班路上的人或者留在家中的人，带货品类不求专而精，可以多而杂，满足多样化需求。讲解节奏可稍微快点
	中午场：11:00 ~ 14:00	观看用户以家庭主妇等为主，可以将平价日化产品作为主打。讲解节奏可以稍微慢点
	下午场：15:00 ~ 17:00	观看用户包含家庭主妇、学生等，适合平价快消品、日化产品、美妆产品等。讲解节奏适中即可
	夜间场：19:00 以后	黄金时间段，选择高人气主播上播，适合做某个主题的大型专场。客单价可以提高
周末	中午场：10:00 ~ 13:00	黄金时间段，选择高人气主播上播。客单价可适当提高
	下午场：15:00 ~ 17:00	观看用户画像较多元，消费意愿一般，带货品类不求专而精，可以多而杂，满足多样化需求。客单价不宜太高
	夜间场：19:00 以后	重要时间段，应选择成熟主播，竞争较激烈，要给够优惠、福利

（三）社群孵化，让"流量"变"留量"

团队扩大后，要开始发力做"留量"，促进用户二次复购。

1. 创建粉丝群

在抖音或微信等平台建立粉丝群，按照品类或者粉丝级别划分。

• 品类群。垂直品类群，如美妆、酒水、女装、男装、日化、数码等，让有精准需求或购物偏好的粉丝进入。

• 级别群。按照粉丝级别，建立不同的群，在粉丝福利方面，给予不同扶持。比如，级别越高，赠品、优惠越多，最高级别群安排达人参与互动等。

2. 建立粉丝群制度

对建群目的、交流主题、禁止事项等做出规定，让粉丝群健康有序发展。

3. 对粉丝群进行管理分工

根据团队人员特点进行管理分工。比如，品类群中，选择熟悉该品类的人员做运营。

4. 日常维护、引流

• 主题讨论。主动围绕一个话题发起讨论，比如产品互荐等。

• 群友福利。固定在某个时段发福利，比如整点"秒杀"等，增强群成员黏性。

• 心愿采集。发布问卷，采集粉丝心愿，指导直播间选品。

• 优化建议。邀请粉丝给直播间、主播、直播间商品等提意见，根据意见进行优化。

• 欢迎新成员。主动欢迎新进群的粉丝，及时分享群规。

5. 直播预告

直播前，对直播主题、时间、爆品、优惠福利等进行预告。日播直播间可在每次直播前 2 ~ 3 小时及开播前 15 分钟进行开播提醒。非日播直播间可提前 1~2 天进行直播提醒。

6. 鼓励"晒单"

鼓励粉丝在群内交流使用感受并发布照片，评选优质反馈，给予奖励。

7. 积分奖励

建立一套以促进粉丝互动和复购为目的的积分奖励制度。比如签到积分、"晒单"积分、复购积分等。